BEVRIJDINGSKIND

Herman van Veen
Rob Chrispijn

BEVRIJDINGSKIND

2020 Thomas Rap

Omslagontwerp bij Barbara
Omslagillustratie Peter Chadwick/Arcangel Images
Foto auteur Amke Fotografie
Vormgeving binnenwerk Aard Bakker, Amsterdam
Druk Bariet Ten Brink, Meppel
ISBN 978 94 004 0600 1
NUR 320

thomasrap.nl

MIX
Papier van verantwoorde herkomst
FSC® C004472
FSC www.fsc.org

Bij de productie van dit boek is gebruikgemaakt van papier dat het keurmerk van de Forest Stewardship Council (FSC®) mag dragen. Bij dit papier is het zeker dat de productie niet tot bosvernietiging heeft geleid.

Inhoud

Trees heeft een Canadees
o, wat is dat meisje in d'r sas
Trees heeft een Canadees
samen in de jeep en dan vol gas

al vindt zij dat Engels lang niet mis is
wil zij dolgraag weten wat een kiss is
Trees heeft een Canadees
o, wat is dat meisje in d'r sas

Albert de Booy

Voorwoord

Herman

Mijn vader was geen Amerikaanse of Canadese militair. Die sluier of zo'n drama ligt niet over mijn leven. Papa was Jan uit Meppel, mama Alberdina uit Utrecht. Ben geen kind van de rekening, geboren uit een kortstondige relatie tijdens een bevrijdingsoptocht. Ik ben figuurlijk bevrijdingskind, geboren uit vertrouwen en net zo oud als de gewapende vrede.

In dit boek rijgen mijn vriend Rob en ik om en om met liedjes als kralen onze naoorlogse verhalen aan elkaar.

Come you masters of war
You that build the big guns
You that build the death planes
You that build all the bombs
You that hide behind walls
You that hide behind desks
I just want you to know
I can see through your masks

Bob Dylan

Emigreren

Herman

Het knopje START in mijn comfortabele donkerblauwe wagen zit vlak naast het knopje VOLUME van de radio. Het komt dus nogal eens voor dat ik op het gaspedaal trap en de auto niet optrekt maar ik wel de nieuwsberichten hoor. Of dat ik denk dat ik de radio heb aangezet en volledig verrast merk dat ik optrek.

Parkeer mijn auto in een straat tegenover het Kurhaus in Scheveningen. Sla de deur dicht en klik hem op slot. Loop naar het strandpaviljoen waar mijn makker Paul van Vliet zijn nieuwe boek *Zeewind in Den Haag* zal presenteren. Zie tussen de gebouwen strepen van de zee. Denk aan een paar vragen waarvan ik niet meer weet wie ze ook alweer gesteld heeft. 'Waar is deze zee eigenlijk elke dag goed voor?' 'Hoeveel warmer moet het worden voordat ze die Noordzee zullen moeten gaan inpolderen?'

Ben veel te vroeg, behalve wat meeuwen, mussen en kraaien is er nog niemand. Loop naar het strand, doe mijn jasje uit. De golven zijn te laag om in te duiken. Ga zitten en tuur over de grijze zee. Er sloft een man voorbij, ik schat hem ergens tussen oud en stokoud, met witte bakkebaarden in de vorm van laarzen. Hij fluit de 'Colonel Bogey march' uit de film *The bridge on the river Kwai.*

Denk aan de jaren vijftig, tijd van voorspoed. Zie mezelf weer met een schepje en een emmertje in mijn gebreide zwembroek die de halve zee opzoog over het strand sjokken. Zeg tegen mijn vader die met opgetrokken broekspijpen en een werphengel staat te vissen: 'Papa, we zijn mama kwijt. We hebben haar begraven maar we kunnen haar nergens meer vinden.' Mijn vader heeft toen vliegensvlug de onderbroek van mijn moeder aan de herdershond van de badmeester laten ruiken. We vonden haar slapende gezicht als een verloren masker onder het stuifzand net voordat de springvloed opkwam.

Paul sluit zijn vrolijke presentatie af met zijn 'o wat kan ik laag'-stem:

Als wij iets vergeten zeggen we:
'Ja, ik heb het ook zo waanzinnig druk.'
Als oude mensen iets vergeten zeggen we:
'Ze worden dement.'

Als wij depressief zijn hebben we
'Een Depressie'.
Als oude mensen depressief zijn
'zitten ze te zeuren'.

Als wij moe zijn, zijn we
'nodig aan vakantie toe'.
Als oude mensen moe zijn,
'takelen ze af'.

Als wij bezwaren maken hebben we
'een uitgesproken mening'.
Als oude mensen bezwaren maken, hebben ze
'het weer niet begrepen'.

Als wij verliefd zijn,
voelen we ons jong.
Als oude mensen verliefd zijn
vinden we ze kinderachtig.

Als bij ons iets mislukt zeggen we:
'Kóm, d'r even keihard tegenaan!'
Als oude mensen dat gebeurt zeggen we:
'Laat maar, het heeft toch geen zin meer.'

Als je oud bent moet je dus sterker zijn dan ooit.

Terwijl ik van Scheveningen terug naar huis rijd, luister ik op de radio naar een interview met een bekroonde oorlogsfotograaf. Hij vertelt dat kinderen in Vietnam destijds in de oorlog spelletjes speelden en zich verstopten achter lijken. Na het interview draaien ze 'Masters of war' van Bob Dylan die strak als een locomotief zingt:

you that never done nothin'
but build to destroy
you play with my world
like it's your little toy
you put a gun in my hand
and you hide from my eyes
and you turn and run farther
when the fast bullets fly

Dylan is een soort 'modern art'-troubadour. Hij maant, waarschuwt, laat weten.

Liedjes dienden vroeger vooral ook als nieuwsvoorziening. Beroepszangers zongen ze voor op het marktplein of op de trappen van een kerk. Veel mensen konden niet lezen. Op die manier bleven ze op de hoogte en als een verhaal op rijm staat onthoud je het beter. 'Die liederen waren heel feitelijk en soms wel dertig coupletten lang,' zegt Lotte Jensen, hoogleraar Nederlandse Literatuur en Cultuurgeschiedenis in een interview in *de Volkskrant*. 'Neem bijvoorbeeld een lied over zware mist op 31 december 1790 in de buurt van Amsterdam, daarin wordt verteld dat er precies tweeënveertig mensen in de gracht zijn gevallen of gereden met de koets. Alsof je de krant leest. De toon is vaak sensationeel met details die emotioneren, gezongen in chocoladeletters, zoals bijvoorbeeld dat lied over een dienstmeid met een zuigeling die door het water wordt verslonden. Om het nieuws te verkopen, toen al. Maar ook om mensen ontvankelijk te maken voor de religieuze en morele les die in alle liederen zat: dat God straft voor onze zonden en dat dit leed eenieder kan treffen. Andere functies van de liederen waren het aanwakkeren van een saamhorigheidsgevoel, nationalisme of om geld op te halen voor een ramp. Liedjes die mensen wezen op hun christenplicht.'

Ben nu zo in gedachten dat ik bij Bilthoven vergeet af te slaan naar Soest. Besluit dan maar via Hilversum naar huis te rijden. Zie een bord waarop ALMERE staat. Moet grinniken. God ja, mijn vader. Wat was hij toen bezorgd.

Met reden, wie bang is heeft gelijk. In augustus 1939 sloten Duitsland en de Sovjet-Unie een niet-aanvalsverdrag, het Molotov-Ribbentroppact. In een geheime clausule verdeelden beide landen Polen. Op 1 september 1939 viel Hitler het land met veel machtsvertoon binnen. Groot-Brittannië en Frankrijk verklaarden daarop Duitsland de oorlog. Drie weken later vielen ook de Russen Polen binnen. De Tweede Wereldoorlog was een feit. Mijn vader dacht dat, toen tijdens de opstand tegen het Sovjetregime in Hongarije de Warschaupactlanden op 4 november 1956 het land binnenvielen, dat het begin van een Derde Wereldoorlog zou kunnen zijn. Toen daarna de Vietnamoorlog begon wist hij het zo goed als zeker: een wereldoorlog stond voor de deur. Na het horen van een aflevering van *De familie Doorsnee* over emigreren was hij overtuigd, wij moesten Engels leren.

SJAAN
Dan zeg ik: William, 'k zit te puffe van de heat
WILLEM
Dan zeg ik: have you something for me om to eat?
SJAAN
Dan zeg ik: 'k heb alleen een blikkie kouwe pork
WILLEM
Dan zeg ik: darling, rijg het effe an me fork
SJAAN
Will you have a cup of tea?

WILLEM

Please, please, please

SJAAN

Will you have a kiss of me?

WILLEM

Please, please, please

Dan ben ik jouw husband

SJAAN

Dan ben ik jouw wife

WILLEM

Hoeveel sjildren salle me dan nemen?

SJAAN

La me segge fijve!

SAMEN

Refrein

Will you have a cup of tea?

Will you have a kiss of me?

Will you have a family?

Please, please, please

SJAAN

Dan zeg ik: will you do de sjildren on the pot

WILLEM

Dan zeg ik: doen het maar yourself, ik doen het not

SJAAN

Dan zeg ik: maar ik ken het toch niet all alone

WILLEM
Nou goed, vooruit dan maar, m'n heart is niet van stone
SJAAN
Dan gaan we walk, dan gaan we talk, dan gaan we sing
WILLEM
Dan gaan we flowers plukken samen in the spring
SJAAN
En in de moonlight gaan we dance en gaan we play
Dan zeg ik: morning, Willem, how are you today?

Ja, we keken vooral naar de radio. Zo leerden wij liedjes-Engels van de hitjes die zo via de ether in onze huiskamer terechtkwamen. Wat zong ik ze graag mee. Spaarde ook de teksten die je kon krijgen als je kauwgom kocht, teksten die waren afgedrukt op de binnenkant van de verpakking.

Waar we naartoe zouden gaan wisten mijn ouders nog niet. Canada? Amerika? Of Nieuw-Zeeland? Mijn vader wilde ook wel naar de Fiji-eilanden, Papoea-Nieuw-Guinea of Indonesië als het niet anders kon.

Zie ons weer op zolder staan, tussen de verzamelde lege dozen. 'Wat heb ik daar nodig? Wees niet bang iets te noemen wat je al ingepakt hebt. Er is zoveel wat ik kan vergeten,' schreef Nachoem M. Wijnberg.

Hoor papa nog zeggen: 'Wat nemen wij mee?' 'Dat wat we daar niet kunnen kopen, schat, opa's statenbijbel, het Chinese theeservies van tante Sophie, de Friese staartklok, mijn soldatenkloffie, Hermans viool en de wieg van de kinderen. Dat is het wel zo'n beetje,' antwoordde mijn moeder. 'Of?' Ze bleven maar twijfelen en ondertussen nam de Koude Oorlog bezit van de hele wereld. Of het nu ging om de ontwikkelingen in China, de wereld van mijn kinderboekenheld kleine Sjang, de zelfstandigheid van Indonesië, de dekolonisatie van Afrika, de revoluties in Zuid-Amerika en Azië, alles werd in het hokje westers/communistisch gepropt. Ook al ging het volgens de kronieken om heel andere achtergronden. De propagandaslagen die beide partijen voerden waren zo fel dat ze op den duur averechts werkten. Met name bij de jongeren. De verhalen over de terreur en de grote zuiveringen van Stalin werden bijvoorbeeld lange tijd overdreven geacht. Net als bij de Jodenvervolging bestond er een geloofwaardigheidsprobleem: de Sovjetmisdrijven en de geschatte aantallen slachtoffers waren bijna niet te bevatten. Toen in de jaren tachtig de archieven opengingen bleek de werkelijkheid – zeventien miljoen goelagslachtoffers, zevenendertig miljoen slachtoffers van hongersnoden en andere vervolgingen – erger te zijn dan zelfs de grootste communistenvreters uit de Koude Oorlog ooit hadden durven verkondigen.

Op een dag kwam mijn vader opgetogen thuis. Hij wist het, hij wist het zeker. We zouden, om aan de Koude Oorlog te ontsnappen, gaan emigreren naar het beloofde land, de Noordoostpolder.

Met een brede grijns rij ik naar huis, trommel, door Dylan begeleid, met mijn vingers op het stuur.

Let me ask you one question
Is your money that good?
Will it buy you forgiveness
Do you think that it could?
I think you will find
When your death takes its toll
All the money you made
Will never buy back your soul

And I hope that you die
And your death will come soon
I'll follow your casket
By the pale afternoon
And I'll watch while you're lowered
Down to your deathbed
And I'll stand over your grave
'Til I'm sure that you're dead

So now I'm going back again
I got to get to her somehow
All the people we used to know
They're an illusion to me now
Some are mathematicians
Some are carpenter's wives
Don't know how it all got started
I don't know what they're doing with their lives
But me, I'm still on the road
A-heading for another joint
We always did feel the same
We just saw it from a different point
of view
Tangled up in blue

Bob Dylan

Masters of war

Rob

Al mijn halve leven verkondig ik, aan iedereen die het maar horen wil, dat Bob Dylan mijn grootste muzikale held en enige idool is geweest. Zonder hem was ik nooit liedteksten gaan schrijven. Zonder hem had ik nooit geweten dat je het in een liefdeslied over leven en dood kan hebben, en in een boze protestsong over de liefde.

Zoals hij zijn vriend Leonard Cohen eens bekende, kwamen nogal wat nummers hem zomaar aanwaaien. In een van hun gesprekken bleek dat het Cohen drie jaar had gekost om 'Halleluja' te schrijven, terwijl Dylan voor het nauwelijks minder mooie 'Forever young' slechts een kwartier nodig had. Waaruit blijkt dat de tijd die je aan een tekst besteedt niets zegt over kwaliteit, allebei de nummers zijn van een grote schoonheid en zeggingskracht.

Van Robert Johnson, een blueszanger uit de jaren dertig, wordt beweerd dat hij van het ene op het andere moment fantastisch gitaar kon spelen, doordat hij op de kruising van twee landwegen, ergens in Mississippi, zijn ziel aan de duivel had verkocht. Soms zou je denken dat Dylan iets soortgelijks heeft gedaan. Hij kwam als jongeman naar New York met als enige bagage een ontluikend talent en als grootste charme een verlegen soort bravoure.

Binnen de kortste keren had hij zijn vorm en idioom gevonden en konden al die andere veelbelovende folkzangers niet meer aan hem tippen. Zijn toenmalige, en veel beroemdere, vriendin Joan Baez heeft een keer kunnen zien hoe zijn geest werkte, toen Dylan bij de incheckbalie van een hotel werd geweigerd. In dat stadje, ver weg van New York, moesten ze niks hebben van zijn provocerende landlopers-outfit. Alleen door al haar charmes in de strijd te gooien en in te spelen op haar faam als zangeres, lukte het Joan Baez om hem naar binnen te praten. Deze vernedering gebruikte Dylan even later om in de hotelkamer als een razende op zijn meegebrachte typemachine te beuken. Binnen een uur schreef hij het nummer 'When my ship comes in', dat ogenschijnlijk niets met die gebeurtenis in de hotellobby te maken had. Niettemin is het doordrenkt van boosheid over al het onrecht in de wereld – hij voorspelt dat wanneer zijn schip de haven binnenvaart de gevestigde macht het onderspit zal delven.

In die eerste jaren dat zijn ster rijzende was, werd hij in de media vooral gezien als een protestzanger. Als Dylan al érgens tegen protesteerde, was het juist tegen het stempel van 'protestzanger'. Hij beschouwde zichzelf in de eerste plaats als een 'song and dance man', het Amerikaanse equivalent van een troubadour. Omdat volgens hem niemand anders die rol op zich wou nemen, werd hij tijdelijk de spreekbuis van een jeugdbeweging die zich steeds kritischer opstelde tegenover een systeem waarin de rijken het voor het zeggen hebben en de armen lijden onder wetteloosheid en willekeur. 'Masters of war' kwam uit in 1963 toen de Koude Oorlog de wereld in zijn greep had. Dylan was net tweeëntwintig geworden. In dit lied nagelt hij de wapenhandelaars aan de schandpaal, evenals de generaals en de machthebbers die hun spierballen willen laten zien. Ze zijn allemaal 'Masters of war': op geld en macht beluste proleten, die ons willen doen geloven dat een Derde Wereldoorlog gewonnen kan worden. Ik herinner me nog de opluchting toen ik dat lied voor het eerst hoorde. Eindelijk iemand die zei waar het op stond: jullie bereiden een oorlog voor die je anderen laat uitvechten en zelf blijven jullie altijd buiten schot.

Dylan schreef meer sociaal bewogen nummers. Een van de bekendste is het lied over Rubin Carter, een bokskampioen die naar het idee van de politie te veel praatjes had. Om hem mores te leren, werd hem een drievoudige moord in de schoenen geschoven. Hoewel getuigen verklaarden dat hij nooit zelfs maar in de buurt van de plaats des onheils kon zijn geweest, ging hij voor vele jaren de cel in. Daar had hij misschien wel tot zijn dood gezeten, als Dylan zich zijn lot niet had aangetrokken en een nummer over de 'Hurricane' had geschreven – de bijnaam van Rubin Carter uit de tijd dat hij nog bokste. Dat lied kreeg zoveel publiciteit dat de zaak-Carter opnieuw geopend werd en hij uiteindelijk werd vrijgesproken. Romantische zielen beweren dat de pen machtiger is dan het zwaard. Meestal is dat een illusie, maar in dit geval klopte het.

Er waren tijden dat ik me intensief met het werk van Dylan bezig heb gehouden. De bewondering is gebleven, al is de man zelf allang geen idool meer. Hij trad een keer op in theater Vredenburg in Utrecht. Ik was er met Gerard Jongerius en dankzij hem mochten we backstage. Ik schrok me rot toen Bob Dylan uit zijn kleedkamer kwam en me op een paar meter passeerde, zwaar beschonken en met een gezicht van verkreukeld crêpepapier. In de zaal werd het alleen maar erger. Bij het eerste nummer kwam er geen geluid uit zijn gitaar, die was hij vergeten in te pluggen. Hij begon kakelend te lachen en de rest van de avond werkte hij zich plichtmatig door de nummers heen. De bandleden moesten hem scherp in de gaten houden: soms stopte hij midden in een lied of sloeg opeens heel andere akkoorden aan. Jaren later zag ik hem optreden toen hij beter in vorm was, alleen presteerde hij het om niet één keer de zaal in te kijken. Van een vriend hoorde ik dat hij fanatieke fans heeft die hem volgen waar hij ook naartoe gaat en dan steevast op de eerste rij zitten. 'Get a life' zeggen Amerikanen tegen dit soort idioten.

Dylan is een voorbeeld van iemand die altijd volkomen zijn eigen gang is gegaan en zich nooit heeft geconformeerd aan de muzikale mode of de waan van de dag. Op zijn eerste vier platen was hij de kritische folkzanger die steeds meer bewondering oogstte tot hij die periode abrupt afsloot met een serie ijzersterke rock-'n-rollplaten, tot afgrijzen van veel van zijn vroegere fans die hem uitfloten en uitjouwden. Hij leek er zich weinig van aan te trekken en verraste zijn publiek daarna met een countryplaat en haalde nog weer wat later zijn eigen image onderuit met *Selfportrait*, een dubbelelpee waarop hij voornamelijk werk van anderen zingt. Opnieuw veel boze en teleurgestelde reacties. Met zijn negentiende studioalbum had Dylan het helemaal bont gemaakt: hij bleek ineens 'in de Heer' te zijn en maakte daarna nog een paar andere christelijke platen, terwijl de ontkerstening in het Westen juist in een stroomversnelling was gekomen.

Het enige constante in zijn werk is altijd de hoge kwaliteit geweest van veel van zijn liedjes en de overtuigingskracht waarmee hij ze zong. Onder de meer dan vijfhonderd nummers die hij schreef, zitten talloze meesterwerken: van 'Vision of Johanna' en het weergaloze 'Tangled up in blue' tot het geheimzinnige 'Ain't talking' op een van zijn laatste platen. Veel van zijn werk is mysterieus en onheilspellend. Dylans wereld wordt bevolkt door dieven, pooiers, predikers, minnaars en moordenaars – randfiguren die zo uit de Bijbel of uit een western weggelopen konden zijn.

Veel nummers bevatten onvergetelijke zinnen, zoals 'Patriotism is the last resort to which a scoundrel clings' – vaderlandsliefde is het laatste houvast waaraan een schurk zich vastklampt. In een tijd van leugenachtige populisten een handige leus om paraat te hebben. Met de dreiging van een nieuwe bankencrisis zouden graaiende bestuurders die zich boven de wet verheven achten, een leidraad als 'To live outside the law, you must be honest' ter harte moeten nemen.

Net zoals Dylan geen verbond met de duivel hoefde te sluiten om hemelbestormende liederen te schrijven, zo heeft Robert Johnson evenmin zijn baanbrekende gitaarspel te danken aan een duistere macht. Dat is uitgezocht, leve het internet! Een tijdlang kreeg Johnson les van een zekere Ike Zinneman. Als een volleerd blueszanger keerde hij terug naar zijn geboortestreek en werd het grote voorbeeld voor alle blueszangers die na hem kwamen. Merkwaardig dat de naam van die gitaarleraar wel erg lijkt op 'Zimmerman', Dylans officiële achternaam. Noem het toeval; er zijn echter zat mensen die er een aanwijzing in zien dat de werkelijkheid een vierdimensionaal hologram is waarin alles met alles te maken heeft. Deze laatste visie vertoont parallellen met het beeld dat Dylan in zijn werk van de wereld schetst, een wereld waarin het ongerijmde logisch is, het alledaagse wonderbaarlijk en elk menselijk streven nooit zal brengen wat beoogd wordt. In het geval van 'Masters of war' is dat maar gelukkig: ook zij zullen met al hun straaljagers, tanks en bommen weer tot stof vergaan.

Unforgettable, that's what you are
Unforgettable though near or far
Like a song of love that clings to me
How the thought of you does things to me

Nat King Cole

Weet je nog

Herman

1955. Het liefst zit hij daar in de late zon voor zijn huis in de lange straat, op een keukenstoel met een pijp en achter hem in de huiskamer gezellig de radio aan.

We gaan naar Zandvoort bij de zee
Met vader, met moeder, met broertje en met zusje
Ome Piet, tante Griet en het hele familiehusje
Gaat naar Zandvoort bij de zee
Nemen broodjes en koffie mee
Oh, het is zo'n zaligheid
Wanneer je van de duinen glijdt
In Zandvoort bij de zee

Hij telt de slagen van de Dom en de duiven in de goot en de gierzwaluwen die boven de daken tuimelen. Soms rijdt er langzaam een Pontiac of een Chevrolet voorbij, een buurman die terugschakelt bij elke lantaarnpaal. Hij steekt zijn pijp omhoog en door het neergedraaide autoraam wuift dan een hand terug. Men kent elkaar.

Zo kijkt hij naar de jongens met de borstels en hun emmers stijfsel die posters plakken waarop een amazone staat in een rood jasje naast de grote letters van MISS BLANCHE.

2019. In het Franse vakantiehuis aan zee – wil je dat water kunnen zien dan moet je in februari wel op het dak gaan staan – hebben we soms wifi. Is er verbinding, dan gaan er op een kastje, zo groot als een koektrommel en met de naam Livebox, vijf groene lampjes branden. Zo'n soort lampje zat er vroeger ook op de radio, waarvan ik toen dacht dat het een oog was waardoor de radio bij ons naar binnen kon kijken. Stond dat oog stil en knipperde het niet meer geel, dan kon je ongestoord naar *Monus, de man van de maan* luisteren, een hoorspel in tig delen. Branden de lampjes op de Livebox, dan roept er iemand: 'Hij doet het.' Stopt mijn vrouw met wat ze aan het doen was om haar mail op te halen en pak ik mijn telefoon om verder te gaan kijken naar mijn Netflix-serie. Wil ik dat op mijn 'gemak' kunnen doen, moet ik wel naar de wc, daar is de ontvangst het rustigst.

Zit midden in de serie *Greenleaf*, een mede door Oprah Winfrey geproduceerde spannende soap over het wel en wee van twee predikantenfamilies in het Amerikaanse. Voor al het *wel* danken ze God, met al het *wee* zal hij wel een bedoeling hebben. In de Bijbel vinden zij voor elk merkwaardig gedrag wel een rechtvaardiging. De dialogen bestaan voornamelijk uit getallen, spreuken en amens.

Zie op het schermpje van mijn telefoon hoe de dochter van danst met de charmante buurman. Ze hebben net gegeten, hij heeft gekookt. Het is drukkend warm, de tuindeuren staan open, gordijnen golven mee op de zachte muziek van jarenvijftigcrooner Nat King Cole.

Unforgettable in every way
And forever more, that's how you'll stay
That's why, darling, it's incredible
That someone so unforgettable
Thinks that I am unforgettable too

Hoor weer mijn moeder zijn woorden zingen. Denk dat ik het reuzefijn vond uit haar veilige buik geperst te worden. Los van de enge ruimte, maar vooral nieuwsgierig naar die zachte, zangerige stem van wie mij droeg.

Naast Louis Armstrong en Bing Crosby was Nat King Cole een van de radiohelden van mijn moeder. Moet hem al gehoord hebben toen ik nog in haar vruchtwater dobberde, of aan een van haar borsten lurkte. Hoor ik Nat King Cole, loop ik steevast naar de ijskast om een glas melk in te schenken of krijg ik zin in roeien. Erik Scherder, hoogleraar Klinische Neuropsychologie, legt dat uit. 'Toen de mens in oertijden rechtop leerde staan, deed hij dat vooral omdat hij iets hoorde, een hert om op te jagen, een sabeltijger om voor te vluchten. Hazen doen dat nog steeds.' Zelfs op mijn hoge leeftijd krijg ik nog zin in yoghurt als ik aan mijn moeder denk.

Terwijl ik naar het knuffelende zomeravondstel op mijn telefoon kijk, zie ik tegelijkertijd in mijn gedachten ook moeder in de opening van onze voordeur in de Kievietdwarsstraat staan. Het brein kan vele beelden tegelijk aan. Daar staat ze, leunend op één been met haar geruite schort voor en de armen over elkaar. Ze tuurt in de richting van de Grietstraat in onze Vogelenbuurt, Wijk M, ooit gebouwd in de jaren dertig voor Joodse vluchtelingen. Hoopt ons zo dadelijk uit school te zien komen. Ze heeft een oranje papieren kroontje op en serpentines rood, wit en blauw krullen over haar schouders. Het is 14 maart 1955, vandaag ben ik tien jaar geleden geboren, in de schemerhaast van de *Sperrzeit* nog net niet achter op de fiets. Er zaten toen kranten voor de ramen. De lampen waren uit, want het was oorlog. De mensen zagen bij de sterren en de maan. Het was stil op straat en in de lucht kon je bommenwerpers horen.

Vader en moeder kwamen op het idee voor mij op 6 juni 1944 om kwart over drie. Hun inspiratie was een bericht op Radio Oranje. Daar hoorden ze voor het eerst van Operatie Overlord. Onder de codenaam D-day waren geallieerde strijdkrachten geland op de kusten van Normandië. Canadezen, Commonwealth-troepen, eenentwintig Amerikaanse, vrije Europese en zesentwintig Britse divisies. Zevenduizend vaartuigen, twaalfduizend vliegtuigen, twintigduizend parachutisten, vijfduizend ton aan bommen. Wie kon daartegen op?

Het kon niet anders. De oorlog zou snel afgelopen zijn, tijd voor een jongetje dat vast en zeker in vredestijd geboren zou worden. Dus de spons kon er met vol vertrouwen uit. Maar het liep allemaal anders dan mijn ouders gehoopt hadden. Ik kwam een invasie te vroeg op de wereld in Utrecht, Uterreg de stad van het midden.

‘Wo fahren Sie hin? Sie wissen doch…’ ‘Mijn vrouw is zwanger. Ze kan elk moment bevallen.’ De Duitser lachte. ‘Schwanger? Nicht von mir!… Fahren Sie weiter.’ Met bonkend hart fietste mijn vader langs het donkere water van de Catharijnesingel naar het ziekenhuis en hielp voorzichtig mijn moeder de trap op, naar de ingang van het Stads- en Academisch. Op de voorlaatste trede brak haar water, even later werd ik geboren, negen pond schreeuwend vlees.

Van die tijd dat ik mijn moeder kreeg, haar voor het eerst proefde, weet ik weinig. De geur van die zoete moedermelk misschien, waaraan ik werd herinnerd toen onze dochter werd geboren, het prikken van de wangen van mijn vader, zijn hoesten op de gang, een piepklein poppetje van rubber in mijn hand, het doekje waarop ik sabbelde, het fletse behang waarin ik van alles zag, van kabouters tot kamelen. Beelden heb ik van de eerste dag op de montessorikleuterschool van juffrouw Boissevain, de handige houten blokken waarvan je een kar kon maken, het leren veters strikken, knopen knopen, draden vlechten, tekeningen maken, de rij wc'tjes op de gang met klapdeurtjes, wat kinderen, Marijke, met wie ik later trouwen zou, de sierlijke haken voor je muts, je das en jas, het onweer boven de daken, mijn moeder aan het aanrecht die liedjes zong, mijn vader met zijn pijp die hout sneed aan de tafel, puzzelstukjes van gedachten die met de jaren vaker opduiken.

Twee maanden na mijn geboorte moesten de mouwen worden opgestroopt. Er werd gesloopt, gestraft, hersteld, gebouwd. Onze straat een grote zandbak. Mijn vader ging aan het werk voor de kost, geen tijd meer voor een studie. Er waren kinderen, er moest brood op de plank komen. Mijn moeder verdiende als werkster wat bij. Er werd overgewerkt en in de schaarse vrije tijd gingen we met z'n allen naar papa's volkstuin, achter het spoor. Hij had daar van rommelhout en van dingen die de mensen wegdoen als in een krottenwijk een huisje gebouwd dat hij het Muiderslot doopte. Het land, zoals hij het noemde, was bijna honderd meter lang en zo'n veertig meter breed.

Ome Frans, de broer van mijn moeder, die eens in ons kleine groene paradijs kwam om te kijken wat wij daar nu allemaal aan het doen waren, zei, terwijl hij om zich heen keek: 'Land?' Waarop mijn vader reageerde: 'Mijn volkstuin is misschien wel klein, Frans, maar weet je wel hoe hoog hij is?'

Ik mocht graag met papa meegaan. Als het spitten of het sperziebonen plukken mij te veel werd, ging ik kikkerdril of stekelbaarsjes vangen in de slootjes. Of kijken naar de voorbijrijdende treinen en wuiven naar de reizigers. Heb daar later, in 1982, met ome Willem Wilmink nog een liedje over gemaakt.

De meeste treinen rijden achterlangs het leven.
Je ziet een schuurtje met een fiets ertegenaan.
Een kleine jongen is nog op, hij mag nog even.
Je ziet een keukendeur een eindje openstaan.

Als je maar niet door deze trein werd voortgedreven,
zou je daar zonder meer naar binnen kunnen gaan.

Zodra de schemer was gedaald,
was je niet langer meer verdwaald.

En je ontmoette daar niet eens verbaasde blikken.
Je zou toch komen? iedereen had het vermoed.
Ze zouden even haast onmerkbaar naar je knikken,
Want wie verwacht is, wordt maar nauwelijks begroet.

Je zou je zomaar aan hun tafel kunnen schikken
en alle dingen waren plotseling weer goed.

Zodra de schemer was gedaald,
was je niet langer meer verdwaald.

Je hoefde daar geen druppel alcohol te drinken,
want grenadine zou je smaken als cognac.
Je zag het haardvuur achter micaruitjes blinken,
er kwam een merel zitten zingen op het dak.

En die paar mensen die je nooit hebt kunnen missen,
kwamen daar binnen met een lach op hun gezicht.
Je zou je voortaan nooit meer in de weg vergissen,
je deed het boek van alle droefenissen dicht.

Maar ach, de trein is doorgegaan
en kilometers
daarvandaan.

Mama, dochter van een sigarenmaker, zoetwatervisser, driebandenbiljartkampioen en een naaister, was een kleine, mollige, ernstig grappige vrouw. Zouden er in haar tijd Olympische Spelen geweest zijn voor stofzuigen, knopen aanzetten, breien of dubbeltjes omkeren, dan zou zij drievoudig olympisch kampioene geweest zijn. Ik vroeg haar op haar tachtigste verjaardag: 'Mama, wat denkt u? Wat komt er na de dood?' 'Na de dood? De rekeningen.'

Als ik boos ben of bang, me onrustig voel, in de war of opgejaagd, mag ik graag op markten en in warenhuizen rondsjokken. Kwam laatst bij de C&A op de roltrap Joepie tegen, een straatvriendje van vroeger. 'Wat doe jij in de C&A?' vroeg ik hem. 'Hetzelfde als jij,' antwoordde hij met een knipoog. 'Je mist je moeder.'

'Mijn vader is een graaf,' grapte ik soms op school. Bijna waar, papa werkte als typograaf, letterzetter bij *Het Parool* (*Nieuw Utrechts Dagblad*). Hij was een sociaaldemocraat van de oude stempel die zich een leven met zijn gezin in een vredige wereld had voorgesteld en als jongeling met een wereldoorlog werd geconfronteerd. Een vrolijke, oprechte man met het hart op de tong. Zat in de oorlog in het verzet. Samen met ome Ko en Dirk Hoffman, Dirk, de latere opa van onze kinderen. Alle mannen tussen de achttien en de vijfendertig jaar moesten zich melden voor de *Arbeitseinsatz*, behalve als je dat niet kon. Om dat te voorkomen maakte mijn vader zijn handen kapot, door er niet te veel fosfor op te strooien. Die zagen er daardoor heel eng uit. Net als de schouders van mijn oma, die ooit een verschrikkelijke brand had overleefd.

Tussen 1945 en 1950 werd er massaal getrouwd. De pasgetrouwden wilden ook graag kinderen. Het gevolg, een enorme geboortegolf. Na mij werden er tijdens die babyboom twee miljoen andere 'bevrijdingskinderen' geboren.

ik had haar graag
naar de fabriek gebracht
of opgehaald
van dansen bij Janssen
rozen willen kopen
slenteren door de stad
onder een plu
etalages kijken
samen naar de IJsrevue
praten over later
niet merken dat het regent

of denken aan
wat moeder zei
mooie mokkeltjes
duren niet lang

ziek was ik
ziek van verdriet
en die ziekte heette
Truus

ik had haar graag
naar het stadhuis gebracht
in zo'n trouwkoets
over de Oudegracht
en met het water in mijn ogen
tegen zo'n ambtenaar
ja gesnikt

eendjes voeren
samen naar de Mart
filmpje pakken
fietsen naar de zee

met je lopen
tot de laatste stoptrein

‘Het leven was toen begrijpelijk en benauwend, de meeste mensen hadden de oorlog meegemaakt en kenden de ellende van de depressie van de jaren dertig,’ schrijft historicus Geert Mak. Men wilde nu vooral vaste grond onder de voeten krijgen en zekerheid hebben. Het werd de tijd van Willem Drees, een van regelmaat en orde.

Van de eerste jaren herinner ik me nog maar weinig. Ik sliep in een alkoof naast de slaapkamer van mijn ouders. Op de dag dat ik leerde opstaan, toen ik ergens uit een huis Édith Piaf hoorde, mocht ik in een tuigje vastgebonden aan de regenpijp op de stoep voor ons huis spelen. Kon zo de wereld zien.

Ik kwam er lang niet en terug om nog een keer te kijken. Te lopen waar je liep. Dacht, had er niet veel meer veranderd moeten zijn? Zou ik nog weten van wie iemands gezicht is, van wie welk huis, welke winkel?

Op de blinde muur staat nog steeds dat Kees gek is. Moet wel een andere Kees zijn. Een andere, zoals we toen nog riepen, mongool. ‘Je zag nooit een jongen die zo blij kon zijn als hij,’ zou mijn oude, inmiddels dode makker Willem Wilmink ooit schrijven over zijn Kees.

Ga niet terug en zeker niet na jaren. Vergeet de straat waar je woonde, hou op met verlaten. Achter dezelfde huisnummers wonen nu andere kinderen met ander snot in hun neuzen. Luister naar mijn collega Richard Groenendijk, zo goed het vroeger was, is het vroeger nooit geweest.

jij was de goeie en ik was de slechte
ik wil liever de slechte zijn
nee, ik ben de slechte. jij bent de goeie
waarom moet ik altijd de goeie zijn?

waarom wil jij niet de goeie zijn?
twee goeien is niet spannend
mag ik dan straks de slechte zijn?
straks. maar nu ben jij de goeie

Joke van Leeuwen

Mijn beste vriendje toen was Rob Reinders. Met hem liep ik nog hand in hand naar de eerste klas van de Maria Montessorischool in de Monseigneur van de Wetering-straat in Utrecht. Als een verliefd stelletje over het Lucas Bolwerk, langs de etalage van meestervioolbouwer Otto Stam, waar fier als koningen altijd drie prachtige violen in het ochtendlicht op violisten stonden te wachten. In mijn gedachten hoorde ik ze zingen. Daarna langs de witte Schouwburg, daar hing een beeld van een goud geschilderde, zo goed als blote vrouw. In de winter gooiden we sneeuwballen. Wie haar kruis raakte, had gewonnen. Die statige schouwburg met zijn affiches in glanzende vitrines. Koningen en koninginnen, prinsen en prinsessen keken je aan, danseressen en muzikanten bogen galant voorover. Grote letters riepen geheimzinnige namen. Ko van Dijk, Paul Steenbergen, Ida Wasserman, Corry Vonk, Wim Kan, Toon Hermans, Guus Hermus. Een echte treuzelplek. Oversteken, binnendoor het hofje langs naar de school van Maria Montessori. Zes jaar strikken strikken, knopen knopen, kanten kleuren, lezen, schrijven, optellen, aftrekken, staartdelen, zingen, gymnastieken en ritmieken. Een elftal vriendjes en altijd verliefd op Dienekes, Nikkies en Marijkes.

Maar Rob was mijn beste en dat gingen we altijd blijven. Kreeg er later nog wel twee bij. Een ervan was de held van een stripverhaal in *Het Parool*, getekend door een vriend van mijn vader, Pieter Kuhn. Kapitein Rob, die sinds 1945 tot en met 1966 met zijn zeilschip De Vrijheid en zijn hond Skip in de krant van het ene naar het andere avontuur voer.

En leeftijdsgenoot Rob Chrispijn, chemisch analist, fotograaf, zondagsbioloog en schrijver. Rob en ik kennen elkaar zeker vijftig jaar. We schreven samen een zwik liedjes. Hij is een maat door dik en dun. Mail hem dit *Wat-komt-er-in-je-op-als-je-een-liedje-hoort*-verhaal om een digitale 'We'll meet again'-reactie en ga daarna terug naar de wc om de Netflix-serie *Greenleaf* af te kijken.

unforgettable in every way
and forever more, that's how you'll stay

In een huis van vrienden op de Vijzelstraat wachtten mijn vrouw en ik op de intocht van onze bevrijders die vanuit het zuiden Amsterdam naderden.

Er hing een verwachtingsvolle stilte. En daarin klonk, heel in de verte, een vreemd onaards geluid. Een soort muziek, maar niet van de vrolijke of heldhaftige soort; eerder een beetje melancholiek.
We keken elkaar vol verbazing aan, en die ging over in een vreemde opwinding. Het waren doedelzakken. Het leger dat zijn intocht hield bestond uit Schotten, brede rijen Schotten in kilts en tartans, die plechtig nader kwamen in wat zij 'slow march' noemen. Hun muziek zwol langzaam aan, totdat de hele kamer gevuld was met de weemoedige klanken van hun doedels en drums.

Het was meer dan wij verdragen konden, en Phiny barstte in snikken uit terwijl ik een traan over mijn wang voelde lopen. Dit was de meest onverwachte schok van de hele oorlog. Een schok die voor ons allebei zó groot was, dat hij onze afscherming tegen de lange gruweljaren brak en ons gevoel weer levend maakte.

Een schrillere tegenstelling met de Sieg Heil-*troepen was nauwelijks denkbaar – en niemand in de volle kamer heeft één woord gezegd zo lang er nog iets van die vreemde muziek te horen was.*

We zijn naar huis gegaan alsof we pas getrouwd waren; maar gepraat hebben we niet veel.

Marten Toonder

We'll meet again

Rob

Dit is het lied waar mijn ouders naar luisterden. Op een radio in een berghok, afgestemd op de BBC en zo zacht dat de huisbaas het niet kon horen. Die huisbaas was een Oostenrijker, een onaangenaam mens en een nazi. Het eerste voelden mijn ouders elke dag aan den lijve, van het tweede waren ze niet zeker. Hij had een sleutel van hun huis en als hij de huur kwam ophalen, stond hij onverwachts voor hun neus. Zo liet hij hen zijn macht voelen. Later heb ik nog eens een angstdroom gehad dat een nare man opeens boven mij uittorende. Ik lag veilig in de wieg en had natuurlijk geen weet van het onheil dat Wenen zou treffen. Herman en ik hebben allebei nog nét de laatste maanden van de oorlog meegemaakt – hij in Utrecht, ik in Wenen.

Mijn vader was in Nederland werkeloos geworden omdat de filmstudio waar hij assistent-cameraman was, op last van de bezetter werd opgeheven. Een tijdlang verdiende hij zijn geld als fotograaf, maar hij was bang dat ook hij op zekere dag in Duitsland te werk zou worden gesteld. Een kennis vertelde hem dat de Wienfilm – vanaf de jaren dertig, samen met de filmstudio's in Berlijn, de grootste van Europa – ervaren personeel zocht. Zo ervaren was mijn vader niet, maar hij stuurde toch een sollicitatiebrief. Tot zijn verrassing kreeg hij een uitnodiging om naar Wenen te komen en werd prompt aangenomen. Later kon hij nog altijd enthousiast worden over de fantastische apparatuur en het vakmanschap waarmee daar gefilmd werd. De Wienfilm was gespecialiseerd in operettefilms en luchtige komedies, die het publiek de ellende van de oorlog even moesten doen vergeten. De grote sterren waren Marika Rökk en Johan Heesters. Zelfs vijftig jaar later, toen Heesters een keer in Nederland op bezoek was, kreeg hij voor zijn rol als meeloper nog veel kritiek over zich heen.

Mijn vader was natuurlijk evenmin een held. Hij heeft het ook nooit mooier gemaakt dan het was. Voor hem was het gewoon een kwestie van overleven. Dat lukte zo goed dat hij in 1943 zijn vrouw kon laten overkomen. Met als resultaat dat negen maanden later een zoon werd geboren. De oorlog had altijd ver weg geleken, maar in mijn geboortejaar werd de situatie langzaam grimmiger: Duitsland was aan de verliezende hand en de Amerikanen waren bezig Wenen systematisch te bombarderen, straat voor straat. Als er luchtalarm klonk, rende mijn moeder met mij onder haar arm de drie trappen af naar de schuilkelder. Nou ja, schuilkelder... het was niet meer dan een gewone kelder. De bewoners van het huis zaten er opeengepakt, in de wetenschap dat ze een voltreffer niet zouden overleven. Ondanks het verdedigingssysteem dat een kind onder zulke omstandigheden noodgedwongen opbouwt, heb ik veel later, in onbewaakte momenten, iets van de doodsangst van mijn moeder gevoeld.

Mijn vader was vaak afwezig. Uit veiligheidsoverwegingen werd er in de loop van de oorlog alleen nog gefilmd op het Oostenrijkse platteland, ver weg van Wenen. Totdat alles ontaardde in een totale chaos en de Russen vanuit het oosten en de Amerikanen vanuit het westen Wenen binnentrokken. Om het Russisch gezag te ontlopen, zetten mijn ouders mij en de paar spullen die ze mee konden nemen op een handkar en liepen naar de Amerikaanse sector. Daar werd mijn vader twee dagen lang ondervraagd voordat hij met zijn gezin met een transportvliegtuig mee naar Parijs mocht. Op vliegveld Orly werden ze met duizenden andere vluchtelingen geïnterneerd. Maar wat kon het schelen? Ze waren vrij!

Het lied van Vera Lynn was werkelijkheid geworden: 'We'll meet again some sunny day...'

Elke avond werd er gefeest en gedanst. Mijn ouders zijn volgens mij nooit gelukkiger geweest dan toen. Ik zat zoet in een geïmproviseerd stoeltje aan de rand van de dansvloer te kijken naar al die benen die sierlijk voorbijbewogen, tot ik ondanks de harde muziek vanzelf in slaap viel.

Meer nog dan door de oorlog zelf zijn zowel Herman als ik getekend door de verhalen van onze ouders. Die van mij hadden het zo vaak over Wenen dat het soms lijkt of ik het allemaal zélf heb meegemaakt.

Hoezeer de Tweede Wereldoorlog ergens diep in mijn hoofd ligt opgeslagen, merkte ik toen ik gevraagd werd om een Nederlandse bewerking te maken van het muziektheaterstuk *Je Anne*, het verhaal van Anne Frank, geschreven door een Amerikaanse auteur. Kennelijk durft alleen iemand met voldoende afstand tot die tragische gebeurtenissen er muziektheater van te maken. Ik was nogal sceptisch, maar na een aantal keren doorlezen, bleek het beter dan gedacht. Wel probeerde ik de Amerikaanse invalshoek eruit te halen door het weer terug te brengen tot onze eigen Nederlandse geschiedenis. Op het moment dat ik bezig was met de vertaling van de scène waarin de familie Frank luistert naar het nieuws van Radio Oranje op de BBC en hoort dat de Engelsen, Canadezen en Amerikanen zijn geland op de Normandische kust, barstte ik in snikken uit. Of snikken? Het waren meer gierende uithalen die ik amper tot bedaren kon brengen... Dat jongemannen uit een ander werelddeel bereid waren hun leven te wagen om ons te bevrijden, vervult me nog altijd met diep ontzag. Voor de familie Frank is de bevrijding net te laat gekomen. Ook daarom greep die scène me zo aan. Het stuk heb ik een dag of wat opzij moeten leggen voor ik er weer mee verder kon.

Damn
Love or lust
Damn
All of us

Kendrick Lamar

Lamar

Herman

Verleden week stond Marnix Dorrestein te kletsen met Kees Dijkstra. Twee jonge gasten, een gitarist en een bassist, met wie ik regelmatig speel. Ze hadden het over Kendrick Lamar, zijn nieuwe cd *Damn*. Ze waren euforisch. Ze gingen ervan uit dat ik nooit van Kendrick gehoord had. Zij zijn eind-twintigers, ik inmiddels bijna tachtig. Ze vergisten zich. Ik heb namelijk twee spionnen die zonder dat ze dat zelf weten mij voortdurend op de hoogte houden van de laatste ontwikkelingen aan het hiphopfront, mijn kleinzoons. Heb *Damn* inmiddels grijsgedraaid. Dankzij die mannetjes ontgaat me in dat genre verdomd weinig.

Onze kleinzoon wordt vandaag negentien, studeert iets voor mij onduidelijks in Amsterdam, woont daar op kamers aan een ruime gracht. Op de bovenste verdieping van een te veel etages hoog huis, zonder lift maar wel met een Okura-uitzicht over de stad. De hele familie, tenminste wat ervan over is, zit in een kring. Uit boxen dreunt het fenomeen Kendrick Lamar. Hoor hem zing/zeg/rappen, voor het gemak vrij vertaald:

Een jongeman zag
een oude vrouw
een blinde vrouw
met plastic tassen
die onrustig heen en weer liep op een vluchtheuvel.
Ze leek een beetje gefrustreerd
alsof ze iets kwijt was
en moeite had
het weer te vinden.
Toen hij haar zo zag
liep hij op haar af en vroeg
kan ik u helpen
bent u iets kwijt
ja zei ze
jij bent iets kwijt
ze trok een revolver uit haar tas
en bam.

Loop uit de volle kamers naar het balkon, leun met mijn armen op een van lege Heineken-bierkratjes gebouwde bar en staar over Amsterdam. Denk aan wie er vanavond niet bij zijn. De meesten, maar vooral die liefste twee, mijn vader en moeder. Zou alleen al daarom alle verjaardagen willen overslaan.

In de verte zie ik in een vaalgeel licht Carré. Heb het even niet meer, pink wat water uit mijn ogen. De vermoeidheid, de borrel te veel, het onverwachte preventieve ziekenhuisbezoek, waar ik met mazzel heb kunnen voorkomen dat mij hetzelfde zou kunnen gebeuren als wat mijn moeder op 30 mei 1990 overkwam. Of komt het door het weerzien van met wie ik was en die van haar, zijn familie en de rest. Laat het lopen. Denk, terwijl ik even later mijn ogen droogwrijf:

Papa en mama, toen de koning van Engeland doodging, huilden jullie. Toen de Russen Hongarije binnenvielen, huilden jullie. Toen het elftal van Manchester United in een vliegtuig naar beneden stortte, huilden jullie. Toen er watersnood in Zeeland was, toen de oude koningin begraven werd, toen de tbc-patiënten uit Aruba en Davos op de radio de groeten deden, huilden jullie. Bij *Dit is uw leven* op tv en *Open het Dorp* met Mies Bouwman. Dat huilen zit in de familie.

Mijn moeder ging dood, zoals ze zeggen, na een lang en slopend ziekbed. Tijdens de crematieplechtigheid verschenen er in de tuin, terwijl Louis Armstrong 'What a wonderful world' zong, achter haar kist twee regenbogen. Hoor ik dat liedje, vraag ik me altijd af, soms ook hardop, waar blijven de regenbogen?

Babette, mijn oudste dochter, zei op de begrafenis: 'Ik denk dat het niemand van ons zou verbazen als oma stiekem vanuit haar kist naar ons ligt te gluren om te zien wie er allemaal zijn.' 'Leuk, hè? Kijk, Hermien helemaal uit het oosten. Wat een schatje is dat vriendinnetje van Tim. Wat ziet Valentijn er goed uit en wat wordt Anne groot. Geweldig dat Nils en Esther uit Tenerife zijn gekomen. Je moet wel je haar anders doen, zo lijk je net een zwabber. Natuurlijk begrijp ik dat Sebastiaan, mijn achterkleinzoon, er niet is. Zo'n begrafenis is niets voor baby's. Ik heb op hem gewacht. Heb je gezien hoe mooi zijn oortjes zijn afgewerkt? Bas had goede stopverf en Jan, wat hebben we het goed gehad.' Dat zei ze, zo voor haar dood, vaak en telkens weer 'sorry, sorry voor al het ongemak'. 'Een grap is een overwonnen traan,' schreef ze in een klein blauw boekje naast alle mogelijke herinneringen.

1983-9-2
Tim loopt de avondvierdaagse. We halen hem op met een lollie van een meter.

1983-22-7

Babette met de bus naar Spanje.

1983-7-8

Babette terug uit Spanje, hoera.

1984-18-2

Jan weer thuis.

1984-2-3

Samen even gehuild, de kinderen gebeld.

1986-19-10

Merlijn vraagt of ik nog leef als hij groot is.

1987-20-4

Ikea. Ik win een tuinstoel.

1987-22-7

Babette duizend weken.

1987-29-11

Anne weer oorontsteking, nu andere oor.

1989-26-12

Hanneke haar vriend ontmoet. Kwam heel vriendelijk over.

1990-30-5

Hartoperatie. Het grote onbekende gaat gebeuren.

Eén dag gemist in mijn leven.

1996-12-9

Valentijn amandelen eruit.

Haar laatste woorden in dat boekje: 'Zonder liefde geen leven.'

Mijn moeder en mijn vader waren het veiligste wat mij in dit verwarrend mooie leven overkomen is.

Lamar is klaar. De beurt is nu aan Bruno Mars. Ik loop van het balkon terug naar het verjaardagsgezelschap. Geef die ik niet ken een hand en die ik wel ken een knuffel. Hoor me vijf keer zeggen: 'We bellen wel.' Loop op de maat van een bloedmooi zingend meisje, Ariana Grande, vijf trappen af.

One taught me love
One taught me patience
And one taught me pain
Now, I'm so amazing
I've loved and I've lost
But that's not what I see
So, look what I got
Look what you taught me
And for that, I say

Thank you, next
Thank you, next
Thank you,
next

Tijdens het oversteken kijk ik nog even om. Boven voor het raam staat mijn oudste dochter Babette, mijn kleine meisje van vijftig.

I learned the truth at seventeen
That love was meant for beauty queens
And high school girls with clear skinned smiles
Who married young and then retired

The valentines I never knew
The Friday night charades of youth
Were spent on one more beautiful
At seventeen I learned the truth

Janis Ian

Dancing queen

Rob

De levens van Herman en mij zijn heel anders verlopen. Hij een familieman met ritsen kleinkinderen, ik behept met de neiging om, wat de Engelsen noemen, een *loner* te worden, een eenzelvig type. Voor dat lot heeft Annet me goddank behoed. Hij mist zijn ouders nog altijd. Ik heel soms en dan vooral mijn moeder. Ze werd 62. Ik had haar graag een langer leven gegund. Ze stierf toen ik met Herman in de studio was voor de opname van *Zolang de voorraad strekt*. Mijn vader belde. Ze lag al een tijd in het ziekenhuis, zonder vooruitzicht op verbetering. Ik had het kunnen zien aankomen, maar haar dood overrompelde me volkomen. 'Sorry,' riep ik, 'ik moet gaan, mijn moeder is dood!' en liet iedereen in de studio ontsteld achter. Herman kwam me achternagerend. 'Man, wat verschrikkelijk!' zei hij, terwijl hij me omhelsde. Pas op dat moment kon ik huilen.

De dood van mijn vader kwam als een opluchting. Hij leed al langer aan het leven. Van zijn redelijk optimistische levensinstelling was niets meer over. Toen zijn situatie echt kritiek werd, heb ik die laatste nacht bij hem gewaakt. Zijn adem ging met gierende uithalen, af en toe lag hij te jammeren: 'Hij komt niet, oh, hij komt niet!' Hij was bang dat de dood niet zou komen. Ik kon hem geruststellen.

Zijn hart hield het langer vol dan hijzelf: twaalf uur later, al buiten bewustzijn, klopte het nog steeds. Mijn zusje en ik hielden zijn hand vast en haalden mooie jeugdherinneringen op, zoals de vakanties naar Italië en Spanje. Na de zoveelste aanval van benauwdheid, aaide ik hem over zijn wang en zei: 'Ga maar Bob, toe maar...' Hij werd rustiger. Na een paar minuten volgde nog één lange uitademing, daarna niets meer. Op zo'n moment is de grens tussen dood en levend bijna tastbaar. We wisten allebei tegelijk: de vader zoals wij hem hadden gekend, was vertrokken.

Een paar jaar eerder liep ik met Herman en zijn gezin door een bos op Gotland, zo'n eeuwig zingend bos waar de Zweden patent op hebben. Op weg naar een uitspanning. Zijn dochter Babette huppelde voor ons uit. Mooi gezicht met haar zomerjurkje en blonde haar. Ze zal niet veel ouder dan twee zijn geweest. We kwamen bij een restaurant waar wat mensen koffie dronken of zaten te lezen. Babette bleef huppelen en neuriede er een liedje bij. Niemand keek op, ze hadden enkel oog voor hun boek of koffie. We keken elkaar aan: zijn die Zweden zo onderkoeld dat ze niet eens opkijken van zo'n vrolijk dansend kind?

We waren in de Rover van Herman naar Zweden gereden. Op weg naar Hamburg reden we constant 160, toen we ineens een onheilspellend geluid hoorden – zwaar en schor, als een ezel in nood. Een beetje paniekerig zochten we naar de oorzaak. Tot Herman in de achteruitkijkspiegel zag dat iemand ons wilde passeren. Daar hadden we geen rekening mee gehouden, we reden al een kwartier op de linker weghelft. Een BMW stoof ons voorbij: wie wil er nou 160 rijden als je 200 kan?

Volgens mij was er een plan om in die vakantie wat te gaan schrijven. Dat werd 'Alles', een lied waarvan Herman later zei dat het hem altijd aan Babette deed denken als hij het zong.

Het was een wonderlijke tijd op Gotland. Alleen al omdat het 's avonds maar niet donker wilde worden. Pas als de zon echt onder was, reden we zo hard mogelijk naar de hoofdstad om daar te verdwalen in een dancing die bestond uit een wirwar van ruimtes waar allemaal dezelfde muziek te horen was. Achteraf zou ik zweren dat er hits van ABBA werden gedraaid. Dat zou heel futuristisch zijn geweest: ABBA moest toen namelijk nog opgericht worden.

Deze zomer was ik met Annet opnieuw in Zweden. Wat mij meteen opviel was hoe open en vriendelijk de Zweden tegenwoordig zijn. Ze waren toch van oudsher stug en zwaar op de hand, zoals in de deprimerende films van Ingmar Bergman? Of heeft het succes van ABBA de volksaard een beetje veranderd? Overal word je steevast begroet met een opgewekt 'hey, hey', of je elkaar al jaren kent.

Dit zit ik op te schrijven in een zwart schriftje, af en toe staar ik naar een baai waar een stel grote zaagbekken in een halve cirkel zwemt: in formatie jagen ze op kleine visjes, maar iets vangen, ho maar. Misschien vinden ze het gewoon gezellig, zo met z'n allen.

Het is halfelf 's avonds en nog lang niet donker. De vergeefsheid van elk streven voel ik nooit sterker dan op dit uur in noordelijke streken. Landen rond de Middellandse Zee kunnen je in slaap sussen, maar hoe dichter je bij de poolcirkel komt, hoe onbarmhartiger de kijk op de wereld en jezelf.

Als er nou één groep niet zwaar op de hand was, dan was het wel ABBA. Hun muziek en hun optredens zijn van een superieure lichtheid, gemaakt om even alles te vergeten en je over te geven aan het moment. Toch waren hun teksten lang niet altijd oppervlakkig, er zaten vaak mooie vondsten in en soms zelfs diepte. Zoals bij het lievelingslied van Annet: 'The day before you came'. Het wordt gezongen door Agneta, de blonde van de twee, ze vertelt hoezeer haar leven een routine is van altijd dezelfde trein naar hetzelfde werk met dezelfde collega's en thuis op de bank met dezelfde tv-series. En dan die aangrijpende zin: 'It's funny, but I had no sense of living without aim, the day before you came!' Dat je pas merkt hoe oppervlakkig je tot dan toe hebt geleefd als er iets gebeurt wat je werkelijk bij de strot grijpt. Een grote liefde – zoals het lied suggereert – waardoor je, hoe tijdelijk ook, bevrijd wordt uit een cocon van saaie zelfgenoegzaamheid.

De werkwijze van de twee schrijvers van ABBA, Benny en Björn, week nogal af van wat gebruikelijk is. Bij het schrijven van een lied komt vaak eerst de tekst en dan pas de muziek. Het omgekeerde komt natuurlijk ook voor en daarin ging het duo heel ver. In de opnamestudio werkten ze namelijk hun muzikale ideeën helemaal uit tot ze een kant-en-klare muziekband hadden met alle instrumenten zorgvuldig gemixt. Pas dan konden ze horen wat voor een tekst erbij zou passen. Dit vertelt Benny in een oud interview op YouTube. Toch kan ik me niet voorstellen dat een vondst als 'Dancing queen' of 'Supertrooper' al niet veel eerder ontstond tijdens het maakproces. Sterke titels waarvan de teksten op geen enkele manier de muziek in de weg zitten. Integendeel, de woorden geven nog meer zeggingskracht aan de opzwepende muziek: 'You are the dancing queen, young and sweet, only seventeen'. Een nummer waarop de hele wereld jarenlang heeft gedanst, en dankzij films en musicals gebeurt dat nog steeds.

Men had hem bij de doden niet beschreven.
Hij werd vermist, de hoop niet uitgewist.
Maar weerkeer was er niet
uit Insulinde's zondoorgloeide dreven.
Hij streed tezamen met de Ambonezen
van het oude KNIL,
tegen zijn vrije wil.
Hij had het liefst
de kind'ren leren lezen.

Magister X

Ramona

Herman

Ter promotie van *Solange es leicht ist*, de Duitse uitgave van mijn boek *Voor het eerst*, vrolijke verhalen over ouder worden, zit ik na afloop van een leesvoorstelling, ergens in de Eifel, achter een lange tafel en schrijf voor de kopers van het werkje iets hartelijks in hun boek. Voor mij staat nu een plaatje van een jonge vrouw, schat haar begin twintig. Alles aan haar is plezierig. 'Wat mag ik er voor u in zetten?' Hoop niet dat ze vindt dat ik te lang naar haar kijk. 'Het is niet voor mij. Kunt u schrijven: Voor Ramona, mijn oma?' Terwijl ik denk aan The Blue Diamonds stromen er beelden door mijn hoofd. Java, glooiende bergen, vlakke terrassen, dijkjes, lijnen waarlangs het groen in al zijn schakeringen oplicht. Het water in de rijstveldjes glinstert tussen jonge aanplant. Hier en daar plukjes bomen waartussen wat rook omhoogkringelt, of een dak zichtbaar is. Voor mij loopt, vooral rustig, in de zengende hitte, mevrouw Meyer. Vergeet even 'Voor Ramona' in het boekje te schrijven.

Na twee whisky's in de hotelbar facetime ik mijn vrouw en vertel haar dat ik die avond aan mevrouw Meyer moest denken, hoe zou het met haar gaan? We moeten haar eens bellen. Als ik de volgende dag thuiskom en de kranten uit de brievenbus ga halen, vind ik een rouwkaart. 'Bedroefd geven wij u kennis van het overlijden van onze moeder, schoonmoeder en oma. Reinaldina Marianne Lambertina Rudolphia Meyer – Reen. Glenmore (Indonesië), 12 mei 1928.' Zij werd op dezelfde seringen-dag geboren als mijn moeder. In cursief lees ik op de kaart: *veel fijne herinneringen verzachten onze smart, voorgoed uit ons midden maar altijd in ons hart.*

Twee dagen later sta ik in het Monuta Uitvaartcentrum in Gouda met een groepje achterblijvers. Twee van haar vijf dochters, kleinkinderen, buren, vriendinnen. De ooit door ons geadopteerde Vietnamese Ahn met haar zoon en wij, die wisten hoe lief ze was. Daar staan we, ongemakkelijk en verdrietig. 'Dingen, mensen gaan stuk, lopen af en leeg zoals fietsbanden,' sms ik die avond na de begrafenis aan mijn dochter Anne die appte: 'Lieve papa, ik begreep van mama dat je bij het afscheid van mevrouw Meyer was. Wat lief. Hoe was het voor je?' Stuur haar wat ik voorlas tijdens die afscheidsplechtigheid.

We zochten in het dorp iemand die, om te beginnen, op een zojuist geboren krullenbol kon passen. Vooral op dagen dat we druk zouden zijn, dus zeg maar zeven dagen per week.

Iemand kende iemand van om de hoek, ene mevrouw Meyer. Ze kwam wel niet uit Nederland maar uit een land dat ooit van Nederland geweest was. Maar dat kon je niet echt aan haar horen, ze was heel goed verstaanbaar.

Ze kwam met ons praten in een rood mantelpakje met bijpassende pumps. Haar lippen en haar verzorgde nagels waren in dezelfde kleur geverfd.

Een lieve charmante vrouw van ergens in de vijftig, maar dat kon je niet echt aan haar zien. Ze had iets van een wat oudere jonge vrouw.

De krullenbol is nu een vent van in de veertig. We maakten er nog een Anne zusje bij die nu ook al een hele mevrouw is.

Als je zegt 'ik hou van jou' is de bedoeling van dat zinnetje iets liefs te zeggen tegen iemand die je zo dierbaar is dat je dat durft.

Nu ik zo oud ben als ik ben weet ik dat houden van toch vooral een werkwoord is.

Houden van doe je. Mevrouw Meyer deed zeg maar van ons houden. Wij, mijn vrouw en kinderen, waren met haar zorg en liefde rijk.

Als bedankje voor al dat liefs namen we 'moeders', zoals we haar noemden, ooit mee naar haar vaderland Indonesië.

Mevrouw Meyer, ik weet echt niet of u ons nu kunt horen, de een gelooft van wel, de ander niet. Ik wil het risico niet lopen en zeg u graag, ook namens Marlous, Gaëtane en onze kinderen: 'Moeders, bedankt voor zoveel.'

De ochtend na de begrafenis sta ik onder de douche en neurie 'Ramona'. Voor het ontbijt blader ik door *de Volkskrant*. Zie op pagina elf een foto van mevrouw Meyer, denk ik. Als ik beter kijk, zie ik dat zij het niet is maar ene mevrouw Talle van zesenzeventig, één jaar ouder dan ik, zonder achternaam. Ze blijkt een van de kinderen van Sulawesi te zijn. Ze is in Den Haag om bij het gerechtshof een schadevergoeding te eisen omdat haar vader in 1947 door Nederlandse militairen werd geëxecuteerd. 'Ik strijd niet voor het geld, ik wil gerechtigheid.' Even verderop in de krant: 'Alle vrouwen en kinderen van ons dorp, Suppa, moesten zich verzamelen in het gras. Tegenover ons zaten de mannen, die twee dagen daarvoor waren opgepakt en afgevoerd. Mijn vader was *pembicara* – de woordvoerder van ons dorp. Hij was als eerste aan de beurt. Hij werd gedwongen, met zijn handen achter in zijn nek, op ongeveer twee meter afstand te gaan zitten tegenover de Nederlandse militair die voor hem stond. Die richtte zijn pistool en schoot mijn vader door zijn hoofd.'

De gelijkenis met mevrouw Meyer op de foto in de krant is bijna net zo treffend als een van haar vele verhalen.

Neem me voor een muziektheaterstuk te schrijven over haar avontuurlijke reis naar Nederland in de jaren vijftig. Zal het aan haar opdragen en aan een andere lieve vriendin die al een leven lang wil weten wie haar vader was.

Kijk, denk ik, de koning is op televisie, een stem zegt: 'Eindelijk is het er: het definitieve kennis-, cultuur-, ontmoetings- en herinneringscentrum voor iedereen die iets heeft met het voormalige Nederlands-Indië of daar iets over te weten wil of moet komen. Koning Willem-Alexander opent dit Nationaal Museum Sophiahof in Den Haag donderdag. Het gaat niet alleen over de geschiedenis, maar ook over hoe die historie nog gevolgen heeft in het hedendaagse Nederland, het land van de toenmalige kolonisator.'

'In het Indisch Herinneringscentrum komen vijf organisaties samen, de Stichting Moluks Historisch Museum, het Indisch platform, de Stichting Pelita en de Stichting Nationale Herdenking, 15 augustus 1945. De vijf organisaties behouden hun eigen identiteit. Dat ze samenwerken komt vooral door die Collectieve Erkenning,' zegt ene Yvonne van Genugten, directeur van het spiksplinternieuwe Indisch Herinneringscentrum. De camera glijdt langs wel negentig vrouwen die Ramona hadden kunnen heten. Ze speelden ooit in onze straat, The Blue Diamonds op zo'n 5 mei rood-wit-blauw-oranje buurtfeest. Er werd gelachen, gedronken en gesjanst. 'Truus, wil je met mij dansen?' 'Ramona' is een foxtrot, en die ken, of is het kan ik?

Buiten huilt de wind om 't huis
Maar binnen stond de kolenkit paraat
En de stoep waarop geknikkerd werd
Was het allerbelangrijkste stukje straat
En Nederland was groot en niemand ging nog dood
En gezelligheid kende nauwelijks tijd
Bij waxinelichtjes van Verkade

We gingen nog in 't bad, haartjes nat
Nog even op, totdat vader zei: 'Vooruit, naar bed'
Dan kregen we een kruik mee
Gezichten in 't behang
Maar niet echt vanbinnen bang
Toen was geluk heel gewoon

Kees van Kooten / Wim de Bie

If I had a hammer

Rob

Op de middelbare school zag ik erg op tegen schoolfeestjes. In die tijd voelde ik me eigenlijk alleen maar thuis op het voetbalveld en op de opgespoten velden van Amsterdam, waar het toen wemelde van de vogels.

Het ergste was dat er op zo'n feestje ook nog gedanst moest worden! Bij de gedachte alleen al brak het zweet me uit. Dansen was toen nog dat stijve stijldansen, zoals de foxtrot: links voor, rechts voor, sluit... Een simpel patroon, mits soepel uitgevoerd kon dat nog wel iets zwierigs hebben. Maar aan mij was toen weinig zwierigs, ik voelde me alleen maar opgelaten.

Vlak voor mijn eerste schoolfeestje was het zusje van een vriend zo lief om me een keer dansles te geven. Ondanks mijn gestuntel bleef ze geduldig tot het leek of ik de eerste beginselen een beetje onder de knie had en ze vond dat ik er klaar voor was. Om ervanaf te zijn, gaf ik haar gauw gelijk. Maar waar ik niet op gerekend had, was hoezeer ik in de war zou raken van meisjes op zo'n 20 cm afstand! De meisjes in mijn klas waren allemaal wel een keer blijven zitten en hadden inmiddels borsten gekregen. Daar was ik nog helemaal niet aan toe. Op dat soort momenten voelde ik me een jochie dat alleen maar buiten wilde spelen en een beetje met meisjes bij het klimrek rondhangen.

Goddank dat in mijn laatste schooljaar de 'twist' naar Nederland kwam. Man, wat een opluchting! In plaats van die stijve schoolse pasjes, gewoon een beetje heen en weer draaien, je deed maar wat...

Het waren de beginjaren zestig, in zekere zin een voortzetting van de ongelooflijk saaie jaren vijftig. In die tijd hoorde je op de radio vooral 'Kangoeroe eiland' van het Cocktail Trio en 'Was ik maar bij moeder thuis gebleven' van Johnny Hoes. En toen moest Trea Dobbs met de 'Ploem ploem jenka' nog komen – het ergste liedje ooit geschreven! Er was maar één programma op de Nederlandse radio waar ook nog weleens iets anders te horen was: *Tijd voor Teenagers*. Eigenlijk een ontzettend tuttig programma, maar buiten Radio Luxemburg wel het enige waar ze Amerikaanse platen draaiden. Het was dankzij Chubby Checker met zijn 'Let's twist again' dat ik niet langer tegen schoolfeestjes opzag.

Ik snakte naar verandering zonder dat zelf goed in de gaten te hebben. Als een schaafwond op je knie waarvan het even duurt voor je het schrijnende gevoel opmerkt.

In 1963 brak Trini Lopez door met 'If I had a hammer'. Op alle zenders werd het enthousiast gedraaid, je kon er niet omheen. Zo'n vrolijk en onschuldig nummer dat niemand zich er een buil aan kon vallen. Oorspronkelijk een lied van folkzanger Pete Seeger, geschreven om de American Progressive Party te steunen, een splinterpartij van verstandige, goedwillende burgers die later ongetwijfeld als vuile communisten zijn weggezet. Het lied van Seeger was niet alleen goedbedoeld maar ook tamelijk slaapverwekkend. Dankzij de Mexicaanse wortels van Trini Lopez kreeg dat lied een net iets ander ritmisch accent, waardoor het ging swingen als de pest. Zo'n nummer waarbij je moeilijk stil kon blijven zitten, zelfs iemand als ik niet, die nooit een danstype is geworden.

altijd is Kortjakje ziek
midden in de week
maar 's zondags niet
's zondags gaat zij naar de kerk
met een boek vol zilverwerk
altijd is Kortjakje ziek
midden in de week
maar 's zondags niet

Rebecca

Herman

'Moet er niet een aangepaste druk van *Het gewicht van spel* komen? We hebben er misschien nog een kleine honderd,' zegt Miranda van de voorraad. Ik sla het grijze boekje, waarin het ooggetuigenverslag van zoveel jaar Harlekijn, onze vrije onderneming in de kunsten, open. God, is dat alweer negentien jaar geleden verschenen? Blader erdoorheen en lees.

Het jaar 1968 is als legendarisch de geschiedenis ingegaan. Maar eigenlijk is 1969 het jaar van de kruiende wereldbeelden. Dat is het jaar waarin Richard Nixon president van de Verenigde Staten werd en honderdduizenden demonstranten te hoop liepen tegen de Vietnamoorlog. In Nederland werden toen de eerste huizen gekraakt en het Maagdenhuis bezet. 1969 hulde zich in het opwaaiende stof van provo's, jonge schrijvers, beeldende kunstenaars, acteurs en musici die in opstand kwamen tegen de gevestigde orde. In november 1969 gaf dirigent Bernard Haitink in het Concertgebouw het sein om het fluitconcert van Quantz te beginnen. Op dat moment dwarrelden pamfletten naar beneden en klonk er geratel en gejoel. Het werd een heel ander fluitconcert. Veertig met knijpkikkers gewapende componisten en musici voerden actie onder leiding van onder anderen Reinbert de Leeuw, die later op ons Harlekijn-label menige plaat zou maken. Suppoosten kwamen de zaal in, een chauffeur tilde de jonge tegenstribbelende De Leeuw omhoog die brulde: 'Mogen wij ook wat zeggen!' De Notenkraker was de naam van de actiegroep. Gekeerd tegen de situatie waarin een kleine kliek kunstpausen uitmaakte welke muziek waar werd gespeeld.

Een maand eerder hadden twee leerlingen van de toneelschool tijdens een voorstelling van *De Storm* van Shakespeare een paar tomaatjes richting spelers van de Nederlandse Comedie gegooid. Gewoon, omdat ze de voorstelling stomvervelend vonden. Publiek kwaad, spelers kwaad, en zo begon de Aktie Tomaat. In de maanden daarna worden afwisselend tomaten, rookbommen en roomsoezen naar het podium van de Amsterdamse Schouwburg gegooid, uit protest tegen een verouderde toneeluitvoeringspraktijk. In Rotterdam kiest men voor rotte eieren, in de gedistingeerde Koninklijke Schouwburg van de Haagse Comedie gooien ze beschaafd met zachte broodjes. Tumult in het toneelbestel, pamfletten, polemieken en vervalste toegangskaarten. ‘Licht aan! Discussie!’ klinkt een vol jaar lang in de Nederlandse toneelzalen. In de Van Dale staat nu bij tomaten gooien: iemand beschuldigen van schandelijk conservatief gedrag.

De tijdsgeest was kennelijk rijp voor vernieuwing. Intussen was er twee jaar eerder zonder tumult iets nieuws ontstaan in het Nederlandse cultuurlandschap. In 1966, toen er nog geen sprake was van zachte tomaten en harde noten, zag Harlekijn het licht op een Utrechts podium. Niet te vergelijken met iets anders, nog nooit eerder gezien of gehoord. Het was allemaal begonnen in Bloems Wijnkelder aan de Oudegracht in Utrecht.

Ik heb dat tedere gevoel
voor elke zot, voor elke dwaas
die buiten rond daast
zonder doel
die niemands knecht is
niemands baas.

Sla het boekje van Karin Groet dicht. Lees op de achterkant een gedichtje van Freek de Jonge.

Als je wilt lopen
spring je meestal,
als je iets wilt zeggen
zing je meestal
en het lachen
verging je meestal.

Sms Miranda: 'Weet je wat, ik neem het mee naar Hamburg, zal het onderweg lezen, laat je weten.'

Wachtend op het vliegtuig naar Amsterdam zat ik in Hamburg even verderop van de drukte, te turen naar mijn telefoon waarop een te spannende Netflix-serie. Naast mij komt een jonge vrouw met een van een kangoeroe afgekeken draagzak op haar buik waarin zo'n roomsoesbaby, vier kilo Hollands glorie. Ze zegt: 'Sorry, meneer Van Veen, ik moet hoognodig. Zou u Sanne even voor me willen vasthouden?' Dat durf ik wel, heb immers nog niet zo lang geleden van ongeveer deze omvang een derde kleinkind gekregen met een soortgelijk gewicht. De baby kijkt mij met grote blauwe ogen aan. Om haar mondhoeken krult een verdrietje, wat kun je dan beter doen dan het zingen van een liedje. Dus zing ik zachtjes terwijl ik met mijn knieën nauwelijks hop paardje hop doe:

Altijd is Kortjakje ziek
midden in de week
maar 's zondags niet.

Terwijl ik op dat vliegveld nauwelijks hoorbaar zit te zingen vraag ik mij tegelijkertijd af, waarom heet dat meisje in dat liedje eigenlijk Kortjakje? Thuis ga ik op zoek naar het Groot Historisch Liedboek, dat ergens nog op zolder ligt, en ontdek dat er meerdere Kortjakjes zijn. Logisch, want het barst ook van de Jannen en de Pieten. Die Kortjakje uit dat onschuldige kinderrijmpje, zo lees ik, zou zomaar een hoer geweest kunnen zijn. Met dat altijd ziek wordt bedoeld dat ze altijd maar voor geld op haar rug lag, behalve dan op zondag want dan ging ze naar de kerk, met een boek vol zilverwerk. Met andere woorden, dan staakt ze haar verleidingsdiensten om boete te doen voor het leven dat ze doordeweeks lijdt. Of je dat met een lange of een korte ei schrijft, dat weet ik niet.

Kortjakje moet aardig verdiend hebben want niet veel kerkgangers hadden destijds zo'n deftige bijbel met een zilveren opslag. Op internet lees ik ook dat Kortjakje wellicht ene Rachel Valderappus geweest zou kunnen zijn. Valderappus betekent in het Jiddisch gespuis, geteisem. De influencer ziet de voornaam Kortjakje overigens óók in de sfeer van de prostitutie. Op straat noemde men haar Kortjakje omdat je van haar onderkant het meeste kon zien.

Een andere theorie over het meisje is dat het hier zou kunnen gaan om een toiletjuffrouw uit de zeventiende eeuw. Of zoals die toen werden genoemd, een sekreetjuffrouw. Op een oud liedblaadje vond men ooit een tekst:

Een nieuw lied van Kortjackje,
oft leve en bedrijf
van ene secrete vrou in dese stad,
die so gaere de borrel had.

Ze zou gewerkt hebben onder de voormalige Markusbrug in Amsterdam, waar zij de openbare toiletten beheerde. Dat ze ziek was, zou door de drank komen. Elke dag, behalve zondag, sliep ze haar roes uit. Zondag zag ze haar vriendje, dus dan deed ze wel haar best om goed voor de dag te komen: '*zondag als haar liefste komt, is ze weer gezond*'.

Zo staat het in de Nederlandse Liederenbank van het voorname Meertens Instituut:

Kortjakje seer hups en fijns
Is de meeste tijd beschonken,
Kortjakje mag geen Brandewijn
Maer het moet Jenever zijn

Altijd is Kortjakje ziek,
Midden in de week en Zondags niet
Dan gaet zy haer hert versterken
Midden in de week wil zy niet werken,

Altijd is Kortjakje ziek.
Midden in de week
en Zondags niet.

[…]

Kortjakje is vroeg opgestaen,
En zy is met radde kooten
Na de Markus brug gegaen,
De jongens volgden achter aen

Kortjakje mag geen Brandewijn,
Maer het moet Janever zijn,
Daer vond zy 't Raedhuys bescheten,
Dat kon Ragel niet op eeten,
Daerom is Kortjakje ziek,
Midden in de week en Zondags niet.

Daarom is Kortjakje ziek.

Mijn vrouw Gaëtane, die uit Wallonië, het Franse deel van België, komt, kent Kortjakje ook, maar dan als een

Française met weer een heel andere geschiedenis. Dat Kortjakje heet Cognacje. Mijn Kortjakje heet Rebecca.

Zo in de laatste jaren van onze studietijd aan het Utrechts Conservatorium, eind jaren zestig van die kruiende wereldbeelden, hadden wij een chronische behoefte aan vooral geld. Ook al mochten we van het conservatorium niet schnabbelen, werd je betrapt, moest je van school, toch deden we niet anders. Onze ouders hadden het niet breed. De studie was kostbaar, er braken voortdurend snaren en strijkstokken, boeken waren onbetaalbaar, je huurde een dure piano, of je had er een op afbetaling, gold overigens ook voor je fiets. Je wilde naar het voetballen of de bios. Ook kon je nooit genoeg bier kopen voor het geld dat je had.

Nu had je in die tijd het gewestelijk arbeidsbureau op het Domplein, naast de mulo, waar die verbluffend mooie Marijke Engels naar school ging. Het arbeidsbureau had een afdeling muziekimpressariaat. Mijn studiemaatjes Erik van der Wurff, Laurens van Rooyen en ik liepen, op zoek naar het broodnodige werk, daar de deur plat. Laurens studeerde piano, Erik piano met de bijvakken contrabas en dwarsfluit, ik viool, zang met bijvak piano. We waren overal voor in, als we maar konden verdienen. Genres, stijlen, het maakte niet uit, wat we niet konden, konden we immers leren, klassiek, jazz, volksmuziek, rock-'n-roll, tango, voor ons part Hawaiaanse jamahio hamahaio ukelele. Kon desnoods ook op een banjo uit de voeten, dat tennisracket met snaren heeft namelijk dezelfde stemming als een viool.

In de weekends waren er in Utrecht altijd wel feesten, bruiloften, begrafenissen in buurthuizen, kelders aan de grachten, of zalen van Tivoli, K&W, het NV en het meen ik Bogemans Huis, verenigingslokalen, Jaarbeurs, aula's van scholen, kantines van sportverenigingen. Er werd in die vroege jaren zestig wat af gefeest. Er waren rijkelijk Javaanse, Hindoestaanse, Creoolse, Griekse, Italiaanse, pasar malams, Surinaamse en vooral club- en personeelsfeesten. Toen had je nog geen diskjockeys die, net als Armin van Buuren nu met fenomenale geluidsinstallaties, in privéjets door de wolken scheerden, alles was in het echt en meestal onversterkt.

Op een miezerige maandag zaten we in de wachtkamer van het stampvolle arbeidsbureau tussen werkzoekende mannen en vrouwen te hopen op een klus. Komt die vent uit zijn kantoor naar buiten en vraagt: 'Zijn jullie Joods? Er is morgen een bar mitswa op de Springweg. Er zou een klezmerorkestje uit Antwerpen komen maar die gasten zitten om een of andere reden vast in Brasschaat. Die familie zoekt nu met spoed een Joods orkestje met "Hava nagila hava"-repertoire.'

Erik, Laurens en ik we keken elkaar aan. Bar mitswa? Klezmer? Laurens vroeg met een uitgestreken gezicht, hij was de oudste van ons drieën, aan de arbeidsbureauman: 'Weet u waar ik woon?' 'Nee,' zei hij. 'Jeruzalemstraat 66.' 'Perfect,' zei de man. 'En jullie?' De ambtenaar keek ons met priemende ogen aan. Erik mompelde: 'Ik heb me gesneden.' En kreeg vervolgens de slappe lach. Het enige wat ik kon bedenken was dat ik wist dat ik verliefd was op Ada, een meisje van de Lessinglaan uit Oog in Al dat met haar zusje Joodse liedjes zong. En dat mijn ome Frans, een broer van mijn moeder, 's zaterdags naar de synagoge en 's zondags naar de kerk ging. Ome Frans was een zakenman.

'Oké, ritsel keppels, hijs je in een zwart pak, doe een wit gesteven overhemd aan, zonder stropdas. Het gaat om drie blokjes van een halfuurtje, honderdvijftig gulden per persoon, shalom.'

Wat moet je hebben om Joods te zijn? Wat moet je doen om Joods te zijn? Wat moet je denken om Joods te zijn? Wat moet je dragen om Joods te zijn? Wat is een bar mitswa? Wat moet je spelen? Jeruzalemstraat Utrecht? Hoe komen we aan repertoire?

Een van deze vragen werd beantwoord door mijn lijvige vriend Winkler Prins. 'De twaalfde verjaardag van een joods meisje is bijzonder. Dan wordt ze bat mitswa. Volgens de joodse wetten is ze dan volwassen. Moet ze de joodse religieuze verplichtingen nakomen, net als andere volwassen gelovigen. Bij jongens gebeurt dit op hun dertiende. Dat heet bar mitswa. Er is eerst een dienst in de synagoge en daarna vaak een groot feest.' Dan zijn wij aan de beurt. Tijdens het officiële deel in het gebedshuis lezen de jarigen voor uit de *Tora*. Daar hebben ze vaak maanden op geoefend, want het moet in het Hebreeuws. Behalve als de bat mitswa orthodox joods is; in deze stroming is het voor meisjes en vrouwen verboden om uit de *Tora* te lezen. Over de reden hiervan verschillen de meningen al sinds Mozes. Ieder leest, volgens Samsam (burgerschap in de klas), iets anders in het heiligste joodse boek, die perkamenten rol gemaakt van de huid van een koosjer dier. Hierop zijn de vijf boeken van Mozes, ooit in cinemascoop gespeeld door Charlton Heston, geschreven. De *Tora* is het eerste deel van de *Tenach*, de joodse Bijbel. Het tweede deel van de *Tenach* bestaat uit boeken van joodse profeten. In het derde deel staan boeken met verhalen en gedichten.

Vertelde aan de ronde tafel onder de lamp met de vliegenkleefstrip tijdens het avondeten dat we kletzmermuziek gingen spelen op een bar mitswa. 'Heb je dat al eens gedaan?' vroeg mijn moeder, zonder dat zij van haar kippensoep opkeek. 'Nee, we gaan morgen oefenen.' 'Weet je al wat?' 'Nee, dat is het probleem.' Papa zei: 'Je weet niet wat je gaat oefenen? Misschien moet je Sem Nijveen bellen, die heeft sjoege van zulke muziek.' Mijn vader kende veel artiesten, Eddy Christiani, het Cocktail Trio, De Spelbrekers, de Selvera's, Tom Manders, Snip en Snap. Papa organiseerde de personeelsfeesten van zijn zaak en die van de Grafische Bond. Belde na het eten in de telefooncel bij de Noorderbrug, na zeven letterlijk wachtenden voor me, mijn vaders violistenvriend. Hij had een wereldtip. 'Jullie kunnen spelen wat je wilt, als je alle melodieën maar in de zigeunertoonladder speelt. Neem "Kortjakje". Speel je dat bijvoorbeeld in C-groot, verlaag dan de E tot een Es, maak van de F een Fis en van de A een As. Kat in het bakkie. O ja, en geef Kortjakje een andere naam.'

Zwarte pakken, witte hemden genoeg. Keppeltjes? Mijn moeder, ze had bh-maat theemuts, verknipte twee oude bh's tot drie perfecte keppeltjes. Mijn moeder had, zoals men toen zei, gouden handen. Was vooraanstaand lid van de Everlasting Breiclub.

'En?' vroegen pa en ma tegelijkertijd toen ik nog met keppel op, viool onder mijn arm en in mijn zwarte pak thuiskwam. 'Hoe is het gegaan?' 'Het was hartstikke leuk. We zijn weer gevraagd, voor een andere bar mitswa. Iedereen blij. We hadden vooral succes met "Rebecca", hebben dat wel drie keer gespeeld.'

Zit in een Hamburgs theater, nu zoveel jaren later, een drukproef van dit boek te lezen. Er wordt op de deur geklopt, de kranten *Die Welt, The New York Times* en *Le Figaro*. Lees:

'Aanslagpleger synagoge Halle legt bekentenis af – De man die woensdag een aanslag pleegde in de Duitse stad Halle waarbij twee doden vielen, heeft bekend. Tijdens zijn verhoor heeft hij uitgebreid getuigd.

De 27-jarige aanslagpleger bevestigde dat hij een rechts-extremistisch, antisemitisch motief had, melden Duitse media, waaronder de omroep ARD. Dat bleek ook al uit het manifest dat hij had verspreid, waarin hij onder meer de Holocaust ontkende.

De aanslagpleger had de synagoge in Halle willen binnendringen, waar tientallen mensen aanwezig waren voor de viering van Jom Kipoer, de belangrijkste feestdag voor joden. Omdat hij daar niet in slaagde, opende hij voor het gebouw het vuur, waarbij hij twee mensen doodschoot, een vrouwelijke passant en een bezoeker van een dönerzaak.

De Duitse minister van Binnenlandse Zaken noemde de aanslag gisteren "een schande voor Duitsland" en voegde eraan toe dat zoiets "met onze geschiedenis eigenlijk niet mag gebeuren".'

Iemand klopt op de deur van mijn kleedkamer, nog een kwartiertje voor de soundcheck. Terwijl ik naar het toneel loop neurie ik Kortjakje in C met een verlaagde E, G en A.

Soms denk ik altijd nog eens even aan mijn eerste,
mijn eerste meisje van de zangvereniging.
Mijn allerliefste, klein sopraantje
waarmee ik wandelde in't laantje
maar die niet meer aan mij denkt nu'k niet meer zing.

Dirk Witte

Kortjakje

Rob

Het was uit de mond van mijn oma dat ik voor het eerst het woord 'Jood' hoorde. Ik zal een jaar of zeven zijn geweest en had geen idee wat het woord inhield. Mijn grootmoeder was actrice geweest en toentertijd getrouwd met de veel oudere Louis Chrispijn, een in de jaren twintig van de vorige eeuw befaamd toneel- en filmregisseur. In een saaie nieuwbouwwijk van Amsterdam-West is er nog een straat naar hem genoemd.

Mijn oma gebruikte mij als klankbord voor verhalen die ze nergens anders kwijt kon. Behalve later, toen Simon van Collem haar vroeg om haar herinneringen aan de eerste jaren van de Nederlandse film op te schrijven. Simon had jarenlang een heel populair tv-programma over film. Mijn oma werd per bladzij betaald en naarmate haar herinneringen afnamen, ging ze steeds wijder uit elkaar schrijven. Waarschijnlijk de reden dat Van Collem de samenwerking verbrak.

Misschien waren de verhalen die ze mij vertelde ook wel heel wijdlopig, maar ik hing aan haar lippen. Er werd mij een wereld getoond die geheel nieuw voor me was. Daar kwamen nogal wat Joden in voor, zowel in de wereld van de filmindustrie als aan het toneel. Waarom er steeds bij gezegd moest worden of iemand Joods was, vroeg ik me als kind niet af. Achteraf kwam het woord 'Jood' in haar verhalen wel erg vaak terug.

Als jonge actrice vergezelde ze Chrispijn op een uitgebreide tournee door Nederlands-Indië – 'Ons Indië', zoals ze nooit naliet te benadrukken. Het was haar een gruwel dat die 'inlanders' zelfstandig waren geworden en hun land 'Indonesië' hadden gedoopt. Mijn oma was een racist, ze was er nou eenmaal van overtuigd dat het daar een puinhoop zou worden nu de Nederlanders eruit waren gegooid.

Het toneelgezelschap van mijn grootvader speelde tot in de verste uithoeken van Java en Sumatra. Hun komst moet een overweldigende indruk hebben gemaakt. Het publiek bestond vooral uit ambtenaren, zakenmensen en rubberplanters met hun families. Chrispijn kwam met zijn gezelschap op plekken die vaak maandenlang verstoken waren van nieuws uit het vaderland. Dat op zich al zorgde voor veel opwinding wanneer een groep toneelspelers er neerstreek.

Op het repertoire stonden toneelstukken van Ibsen, zoals *Hedda Gabler* of *Peer Gynt*, waar mijn grootmoeder – onder haar toneelnaam Christine van Meeteren – dan een glansrol in had. Getuige de paar stomme films, was ze bepaald geen groot actrice, maar daar was ze een ster. Hoeveel indruk ze had gemaakt, heb ik later met eigen ogen kunnen zien. Op haar oude dag was ze neergestreken in de Achterhoek. Als ik in de zomervakantie een paar weken bij haar logeerde, vormde Doetinchem het wekelijkse uitje. Deze stad was zwaar gehavend uit de oorlog gekomen, de grote kerk in het centrum was nog steeds een ruïne. Hoogtepunt voor mij was steevast een ijsje. Terwijl we wat rondliepen, werd mijn oma soms staande gehouden door een oudere heer, die uitriep: 'Maar u bent toch mevrouw Van Meeteren?!' Als mijn oma daarop minzaam knikte, raakte de heer in lichte vervoering en weidde uit over de prachtige voorstelling die hij ooit in Bandoeng of Soerabaja gezien had. Dat een toneelvoorstelling van zo lang geleden nog zoveel teweeg kon brengen, zal wel bijgedragen hebben aan mijn levenslange fascinatie voor het theater.

Bij ons thuis was al of niet Joods zijn geen onderwerp van gesprek. Het leek mijn ouders totaal niet te interesseren. Ook niet toen ik op mijn dertiende op de opgespoten velden ten westen van Amsterdam een paar vogelvrienden had gemaakt, en een van hen een Joodse vader bleek te hebben. En wat voor een vader, één brok energie en levenslust! Dat zijn hele familie was gedeporteerd en nooit meer was teruggekomen, wist ik toen nog niet. Wel dat hij dol was op opera. In zijn jonge jaren ging hij met vrienden regelmatig naar Carré, naar de opera: Verdi, Bellini, Bizet... Dan zaten ze op de goedkoopste plaatsen, helemaal in de nok van het theater, waar je bijna loodrecht naar beneden kijkt. Een van die jongens had een prachtige stem. Als een suppoost hem bij binnenkomst herkende, werd hij gewaarschuwd om zijn mond te houden. Dat was makkelijker beloofd dan gedaan... Maar kwam het duet van de Parelvissers, dan kon hij zich niet langer inhouden... 'Oui, c'est elle!, c'est la déesse, plus charmante et plus belle!...' schalde zijn stem door het hele theater, hoog boven de hoofden van het publiek.

En hij was lang niet de enige met een gepassioneerde liefde voor opera. Na afloop hoorde je soms drie straten verderop nog een tenor die een of andere aria zong. Dat was echt 'Hilversum 3 bestond nog niet'. Veel van die Joodse jongens werkten als diamantslijper – een industrietak die zich al vroeg verenigd had – en zongen in hun vrije tijd in koren.

Die liefde voor muziek erfde mijn vriend Fred van zijn vader. Bijna altijd staat er bij hem heel zacht een klassieke zender aan. Midden in een gesprek kan hij opeens stilvallen en de radio wat harder zetten. ‘Hoor, hoe goed dit wordt gespeeld!’ zegt hij dan. Niet alleen kent hij het stuk, weet wie de componist is, maar vaak zelfs door wie het gespeeld wordt: ‘Dat is vast dat nieuwe meisje, hoe heet ze?… Maria Milstein!’

Zoals kenners van klassieke muziek ongetwijfeld weten, heeft Mozart twaalf variaties op de melodie van ‘Kortjakje’ gecomponeerd. Fred liet me ooit op YouTube een uitvoering horen door de pianiste Magdalena Baczewska. Het leukste waren de ernstige gezichten van de toehoorders, het is tenslotte Mozart. En dan is het immers echte kunst, hoe tuttig het thema ook is. Maar wat goed werkt als kinderliedje, klinkt in een concertzaal toch wat armoedig. Naarmate de variaties uitwaaierden, werd het interessanter; toch zal het in het oeuvre van Mozart niet tot een van de hoogtepunten worden gerekend.

't Was nacht
't was nacht
't was midden in de nacht
toen hoorden wij
een vreselijke slag
een slag van zeven vlooien
vier witte
en drie rooie.
De rooie waren een kilometer lang
ze trokken vaders baggerlaarzen an
een jas met gouden knopen
die gingen zij verkopen.
Aan wie, aan wie?
Aan Koning Willem III.

Donder en bliksem

Herman

Ben terug op de Montessorischool, nu als voorleesopa. Loop, nadat ik mijn kletsnatte paraplu heb dichtgeslagen, door de gangen, terwijl ik denk, zou zo'n bliksemflits ook in je paraplu kunnen slaan? In klas zeven zingen ze ''t Was nacht'. Het repertoire is in zeventig jaar blijkbaar niet veranderd. In de gang van de klas van mijn kleindochter hangen naast elkaar posters van Nijntje, K3, Kuifje en Kapitein Haddock. De laatste is specialist in gedonder en bliksem.

Kapitein Archibald Haddock is een van de belangrijkste personages in de stripverhalen van Kuifje van de Belgische striptekenaar en scenarist Hergé (1907-1983), Georges Remi. Vanaf *De krab met de gulden scharen*, het in 1941 gepubliceerde negende album in de reeks, is hij (met de hond Bobbie) de vaste metgezel van de brave reporter Kuifje. Kapitein Haddock is de stereotiepe figuur van de vloekende en aan whisky verslaafde zeebonk die om de haverklap duizend bommen en granaten, donder en bliksem vloekt.

Na *De krab met de gulden scharen* draait de stripreeks niet meer echt om Kuifje en Bobbie, maar vooral om Kuifje en Haddock. De kapitein heeft vanaf dan de plaats van Bobbie als belangrijkste metgezel overgenomen.

Heb al mijn Kuifjes-boeken nog. Twee keer, in soft- en hardcover. Ze staan keurig op volgorde van verschijning in de boekenkast in de logeerkamer... Kuifje, misschien wel de laatste getuige van wat ooit een Belg was. Mijn opa vond, om de taal van Haddock, dat ik Kuifje niet zou mogen lezen.

Op eerste kerstdag kwamen altijd opa en oma bij ons eten. Vooraf zongen we liedjes, *Stille nacht, heilige nacht, alles slaapt, sluimert zacht.* 'O dennenboom', 'De herdertjes lagen bij nachte' en mijn favoriete lied 'Hoe leit dit kindeke'. Daarna werd er gegeten. Maaltijden die vredig begonnen maar steevast uitliepen in hevige discussies over de oorlog. Wie er goed geweest was en wie fout en over het al dan niet bestaan van God. Mijn grootouders zagen in alles de hand van God.

Mijn ouders waren wars van religie. 'Als God bestaan zou hebben dan waren er namelijk geen gaskamers geweest,' zei mijn vader op een keer. Waarop mijn opa antwoordde: 'Niet God heeft die kamers gemetseld, dat waren de mensen, Jan.'

Daarna was het zo stil in de kamer dat je de koffie in de keuken door het wc-papier kon horen lekken.

'Iemand nog een kerstkransje?' mompelde mijn moeder. 'Jongens, waarom gaan jullie niet een potje schaken?' stelde oma voor.

Als jongetje dacht ik: wint opa, dan bestaat God, als mijn vader wint niet.

'In den beginne was het Woord
en het Woord was bij God
en het Woord was God.'

Mijn vaders vader de prediker was groot, streng. Professionele boetedoener. In mijn kindergedachten zag opa's God eruit als een Kerstman met een zwarte Raspoetin-baard met ogen uit ijs. Mijn moeder noemde opa zoals ik schreef in een van mijn verhalenboekjes *Voor ik het vergeet* christelijk hysterisch. Opa's God was die van hel en verdoemenis. Van als je niet, dan zul je branden in de hel. Maar hij was ook van kerstverhalen, stille nacht en herders op het veld. Van hand in hand langs singels dwalen, kijken waar in Utrecht kerken verdwenen en kerkhoven bleven. Mariaplaats, Predikherenkerkhof, Domplein, een witte duif met vrede in zijn bek, het Wilhelminapark waar we kastanjes zochten die verborgen lagen tussen rood-goud-geelgekleurde bladeren. Dan vertelde hij van alles over bomen, over hun wortels, stam, takken en kronen. En dat God die allemaal gemaakt had. Ook al die prachtige kastanjes stuk voor stuk, een voor een. We raapten ze op, legden ze op een uitgespreide blauwgeruite theedoek en hadden we er genoeg, dan knoopte opa de vier punten aan elkaar en wandelden we met onze opgeraapte buit naar huis langs het politiebureau, over de Singel, voorbij de gevangenis, langs de gasfabriek, over de brug, rechtsaf, naar oma toe. Daar poetsten we de kastanjes op totdat ze glommen als deurknoppen en gingen we aan de slag om kerstpoppetjes te maken.

Oma had een weckfles vol gebruikte lucifers. Die benutten we voor benen, armen en poten. Met een hete breinaald prikten we gaatjes in de kastanjes en daar gleden dan de lucifers in. Elk jaar maakten we zo een kerststal. Een baby Jezus van kastanjes, een Maria, een ezel, een Jozef van kastanjes, drie koningen en een kudde kastanjeschapen en boven de stal van aan elkaar gelijmde luciferhoutjes hing zelfs een heuse kastanjester. Als een glimmende spin boven het dak van de Säkerhets Tänd-stickor-stal. En was ie helemaal klaar, dan vertelde mijn opa het oude verhaal van Maria en Jozef, de wijzen die uit het Oosten kwamen, de engelen, de herders en over Herodes die kleine kinderen dood ging steken. Dan zongen we liedjes van engelkens die door het luchtruim zweefden die zongen zo wonderschoon en hoe in de stille winternacht de hemel openbrak. En er een licht verscheen van een stralende kastanje.

Opa kreeg een beroerte en dacht daarna dat hij zelf een soort Franssprekende God was. Dat hij alles gemaakt had. De zee, de bomen, de zon, de maan, de naalden aan de dennenbomen, veel werk, Herman. Moeilijk ook, de neuzen van konijnen. Mensen kunnen van alles maken, vlaflippen, tompoezen, mecano, batterijen, raketten, strijkijzers. Maar zo'n konijnenneus, ho maar.

We zaten op een avond te luisteren naar de radio, het slot van *Monus, de man van de Maan*, toen oma binnenkwam. Ze knoopte haar knotje los en zei, terwijl haar lange zilveren haar over haar schouders gleed: 'God is dood.' Ze was nog niet uitgesproken of er barstte een enorme plensbui los en een onweer uit in duizend bommen en granaten.

Had voor het voorlezen op de Montessorischool van mijn kleindochter een dik sprookjesboek van huis meegenomen met de bedoeling daaruit geen sprookje voor te lezen maar te doen alsof. Dat werd leuker dan ik me had kunnen voorstellen. Mijn methode, eerst vroeg ik aan een kind hoe hij of zij heette en in welke straat ze woonden. Dan begon ik zogenaamd voor te lezen. Nelleke Jansen woonde op de Amersfoortsestraat nummer 124. Nelleke zat op school. Ze had vandaag een rode blouse aan met gele eendjes, een ceintuur zo groen als gras en een blauwe rok waarop een vlek zat. Toen de opa dat voorlas keek Nelleke naar die vlek en daarna naar haar vriendje die tegenover haar zat. Dat vriendje heette Koos, Koos de Groot, hij woonde op het Eempad nummer 18. Koos droeg een bril en zijn haar zat in de war. Koos had vooral een neus vol sproeten. Vandaag droeg hij een T-shirt met Mickey Mouse en een spijkerbroek net zoals zijn vader. Toen Nelleke naar hem keek peuterde Koos in zijn neus enzovoort, vierendertig kinderen lang.

Liep na ook afscheid genomen te hebben van Nijntje, K3, Kuifje en Kapitein Haddock, grinnikend door de regen naar mijn auto. Had ik niet een paraplu? Shit, moet ik nog een keer gaan voorlezen. Je kunt het niet bedenken, kom thuis, maak een cappuccino zoals alleen ik die kan maken, sla de krant open en stuit op een artikel over de ontdekking van de bliksemafleider.

De bliksemafleider behoort tot de grootste uitvindingen van de achttiende eeuw. In 1752 installeerde de Amerikaanse wetenschapper Benjamin Franklin als eerste zo'n instrument op de schoorsteen van zijn huis in Philadelphia. Zijn vondst bracht een revolutie teweeg in het denken over God en de natuur. Het was niet langer nodig om doodsbang te zijn voor donder en bliksem en de straffende hand van God te vrezen. De mens was in staat de natuur te beheersen. De eerste bestellingen voor zulke bliksemafleiders kwamen van de kerken St Paul's Cathedral in Londen en de Kirche Sankt Jacobi in Hamburg. Zij plaatsten als eerste in 1770 zo'n afleider, nog boven het kruis. Hoor mijn opa nu zeggen, nadat hij deze regels gelezen heeft: 'Herre jongen, God maakte de mens, dus ook zijn uitvindingen.'

Iemand roept vanuit de boekenkast van de logeerkamer: 'Wel alle bommen en granaten, dat is om de donder en bliksem nog maar de vraag.'

And the Lord said:

If the children of Israel are supposed to multiply
Why must any of your children die?
So we asked the Lord
And the Lord said:

Man means nothing, he means less to me
Than the lowliest cactus flower
Or the humblest Yucca tree
He chases round this desert
Cause he thinks that's where I'll be
That's why I love mankind

Randy Newman

Hoe leit dit kindeke

Rob

In een Boeing 707 van Manilla op weg naar het eiland Negros kregen we uit de cockpit het bericht dat boven Negros nog restanten lagen van een tropische cycloon. De man naast me was zo vriendelijk om extra informatie te verschaffen: de landingsbaan van Negros lag ingeklemd tussen de bergen. Helaas was die baan aan de korte kant en eindigde hij in zee, waardoor de landing, ondanks de bergen, vroeg ingezet moest worden. Fijn om te weten!

Ik was voor het eerst op de Filipijnen, terwijl mijn broer me vaak genoeg had uitgenodigd. Nu was hij dood, gestorven aan een te laat onderkende blindedarmontsteking. Mijn broer verdiende zijn geld met het verbouwen van huizen in de Amsterdamse grachtengordel.

Na zes maanden keihard werken had hij genoeg om op de Filipijnen een halfjaar vakantie te vieren. Tien jaar eerder ging het slecht met hem, nadat zijn vriendin onverwachts bij hem was weggegaan. Hij dreigde aan de drank te raken. Toevallig vertelde Herman over een Nederlandse pater die hij in Manilla had leren kennen en die daar veel goeds deed. Ik leende mijn broer duizend gulden, en een paar weken later vloog hij naar Manilla. Met die pater werd het niets, maar de Filipijnen bevielen hem. Vooral de vrouwen.

Nu was ik op weg naar de familie van zijn laatste vriendin. Zij hadden alle voorbereidingen voor de begrafenis geregeld. De lucht betrok. Het vliegtuig begon te schudden. De daling werd ingezet. Achter het raampje voorbijschietende, grijze wolken. Opeens een luchtzak. We vielen loodrecht naar beneden. 'O God,' riep ik, klemde mijn handen rond de stoelleuningen en wachtte op de klap. Iedereen gilde. De motoren gierden oorverdovend. Plotseling kregen ze weer vat op de dikke wolkenmassa. Met brullende motoren trok de piloot het vliegtuig steil omhoog. Ik dacht aan de hoge bergen. Mijn knokkels waren wit, de stewardessen lijkbleek. We zaten als verstijfd, niemand zei een woord. Het duurde een minuut of tien voor er eindelijk een teken van leven uit de cockpit kwam. Op dat moment waren we allang weer hoog boven de wolken. Nog steeds werd er amper gepraat. Door de stralende, strakblauwe lucht leek dat voorval beneden een boze droom.

Wel een droom waar ik nog weleens aan terugdenk. Ik riep toen niet: 'O, Bob Dylan, o, Krishnamurti of o, Dalai Lama'. Ook al ben ik er niet van overtuigd dat er zoiets als een god bestaat, als de nood aan de man komt, is het blijkbaar God tot wie ik toevlucht zoek.

Mijn moeder had weinig op met de kerk. Alleen met Kerstmis zocht ze er een uit om de nachtdienst bij te wonen. Wel vond ze dat haar drie kinderen naar een christelijke school moesten. Dat betekende godsdienstles en verhalen over God, Jezus en de Heilige Geest. De bijhorende gezangen ontroerden me en ik zong ze uit volle overtuiging mee: Van 'De herdertjes lagen bij nachte', 'Hoe leit dit kindeke' en 'Stille nacht'. Totdat het de meester opviel dat er iemand zat te brommen. Terwijl we enthousiast begonnen met wat er langs de wolken ruist, liep hij de rijen langs; bij mij stond hij stil. 'Jij bromt,' zei hij. Vanaf dat moment heb ik de hele lagere school alleen nog maar geplaybackt.

Ik viel van mijn geloof bij het lezen van *Götter gleich*, een boek over de ontdekkingen van de moderne wetenschap. De Nederlandse titel weet ik niet meer. Binnen twee weken verloor ik het geruststellende geloof in een hogere macht. Dat ging niet zonder worsteling: in een droom was ik gestorven en bevond ik me in een kale, oneindige vlakte, waar ik doelloos ronddwaalde. Huilend werd ik wakker.

Samen met muziek en de andere kunsten hoort wetenschap tot het beste wat de mensheid ooit heeft voortgebracht. De technische verworvenheden zijn duizelingwekkend. Er zijn intelligente mensen die daar zo van in de war raken dat ze tot de domme conclusie komen dat de wetenschap alles kan verklaren en dat wat niet verklaard kan worden domweg niet kan bestaan – erg onwetenschappelijk. Grote wetenschappers, als bijvoorbeeld Robbert Dijkgraaf, hebben goddank een veel bredere blik. Zij benadrukken juist hoezeer de wetenschap een proces is: eerst zijn er de feiten, dan volgt een theorie die de samenhang tussen sommige feiten verklaart, en pas daarna wordt de theorie aan de praktijk getoetst. En dan blijken er in alle melkwegstelsels zwarte gaten te zitten, en bepaalde genen door een hongersnood aan- en uitgezet te kunnen worden, wat van invloed is op toekomstige generaties.

Prachtig om te weten, te begrijpen en toe te passen waar het kan. Maar zoals in de Bijbel staat te lezen – 1 Korinthiërs 13: Al kende ik alle geheimen van de wetenschap, maar had de liefde niet, dan zou het niets betekenen.

Ik geef het hier in mijn eigen woorden weer, net zoals Herman en ik dat deden in ‘Al was het’, een lied geïnspireerd op deze zelfde Bijbeltekst.

‘Hoe leit dit kindeke’ gaat over de liefde voor een kind, of het nou goddelijk is of niet. Er wordt gezegd dat deze liefde de meest zuivere is omdat ze alleen maar wil geven en er niets voor terugverlangt. Dit is natuurlijk het ideale scenario... Naarmate het kind opgroeit, neemt het eisenpakket echter navenant toe: flink zijn, je best doen, niet brutaal zijn of eigenwijs... De lijst is deprimerend lang, maar in theorie is liefde toch het mooiste wat er is.

ik ben niet bang voor de wilde dieren
ik ben niet bang
ben niet bang
ben niet bang voor de wilde dieren
ben niet bang

Waar ga je hene

Herman

Bijbelse verhalen zijn in wezen niet veel anders dan sprookjes.
Voor wie zich verdiept in wat een sprookje ons te vertellen heeft,
wordt het als een stil diep water
dat eerst ons eigen beeld schijnt te weerspiegelen
maar daarachter ontdekken we al snel
de diepe innerlijke beroeringen van onze ziel.

B. Bettelheim

Vandaag in de kranten: 'Uitstoot stikstof verdeelt coalitie', 'Oranje groepshoofd', 'Deuk in diplomatiek front MH17', 'Kaalslag onder de besten van de Tour', 'Begint in Istanboel het einde van Erdogan?', 'De euro jarig, laat hem rollen', 'Nog één keer zwelgen bij Elton John', 'Activisten vechten tegen windmolens', 'Europa is kompas kwijt', 'Elma blij geen man te zijn', 'King of pop, leren van zijn leven', 'Frisse wildheid', 'De wolf is back', 'Leve het evenwicht'.

'Wolven jagen op reeën, herten en zwijnen. De kadavers die ze laten liggen vormen de basis voor de zogeheten "kadaverfauna". Ze zijn de voedingsbron voor kleine en ook grotere aaseters, variërend van kevers en vlinders, dassen en steenmarters tot vogels als de zwarte wouw en wellicht zelfs de vale gier. Dit hele systeem zorgt met de verspreiding van hun uitwerpselen voor het herstel van de mineralenkringloop die nu in veel Nederlandse natuurgebieden verstoord is. De wolf vervult een sleutelrol voor het herstel van deze kringloop. Wij beschouwen de terugkeer van de wolf als de kroon op het werk van jarenlang natuurbeleid. De wolf is wars van mensen, een fiets is gevaarlijker.'

Lees vervolgens dat een boswachter glunderend een wolvendrol vol haar aan een stadse Margriet laat zien. De haren zijn van een verorberd wild zwijn. De drol lag eerst op het wandelpad ernaast. Om te voorkomen dat iedere passant met verstand van zaken deze drol steeds weer ijverig zou melden bij het wolvenmeldpunt van de Werkgroep Wolven in Nederland, hebben de bijna tien boswachters uit weer een ander werkgroepje, dat voor ‘wolfgerelateerde zaken’, overlegd over de drol en hem voorzichtig een meter verplaatst, wat meer uit het zicht. Dit na enig overleg in de speciale appgroep voor wolfgerelateerde kwesties. Voorafgaand aan de verplaatsing is de drol uiteraard digitaal geregistreerd.

Niet iedereen is blij met de komst van de wolf op die aangeharkte oude vertrouwde Veluwe. Vooral de lammetjes-exploitanten maken zich zorgen. Moet nu denken aan wat bioloog Midas Dekkers ooit schreef in een van zijn Pandora-boekjes. Hoe maak je lamsvlees van een schaap? Voor het antwoord kun je bij elke boer terecht, die weet hoe het moet, het moet met een ram. Zet een ram bij je schapen en er rolt binnen de kortste keren volop lamsvlees uit, keurig in wol verpakt en op dartele pootjes. Elk voorjaar een wei vol. Een makkie, waar maken die boeren zich zorgen over?

Jezus, als de wolven…, wie moet ik dan voor het slapen tellen?

Mijn telefoon plingt, ccn berichtje met foto. Mijn oudste zoon, zo lees ik, heeft met zijn lief een vrijstaand arbeidershuisje in het Baarnse gekocht, in een straatje op steenworp van het Baarnse bos. Mijn vrouw vraagt of ik nog koffie wil. Nadat ik gezegd heb, graag, en als je hebt met twee speculaasjes, neurie ik: *Zeg Roodkapje waar ga je hene, zo alleen, zo alleen*. God wat was mijn zoon, de nieuwe Baarnse huizenbezitter, toen hij zo'n vier jaar oud was bang voor dat zinnetje: *In het bos zijn de wilde dieren, in het bos, in het bos*. Hij verstopte zich dan bij voorkeur in een wasmand, of onder zijn bed, onder zijn bed.

Wie was het toch die toen in dat oude sprookje aan dat meisje op het bospad vroeg: 'Zeg Roodkapje waar ga je hene, zo alleen, zo alleen?' En dat zij antwoordde: 'Ik ga naar grootmoeder koekjes brengen in het bos, in het bos.' En dat de vrager toen waarschuwde: 'In het bos zijn de wilde dieren, in het bos, in het bos.' Waarop het meisje: 'Ik ben niet bang voor de wilde dieren, ik ben niet bang in het bos, in het bos.'

Ik was als peuter wel bang voor die wolf, vooral als oma Roodkapje voorlas. Stelde me voor dat zij de wolf was.

Roodkapje. De hoofdpersoon is een klein meisje dat zo wordt genoemd, omdat ze altijd een rood kapje op haar hoofd draagt. Nooit een blauw of een geel. Een kapje dat haar oma heeft gebreid en dat altijd fijn zit behalve in de regen. Op een dag vraagt Roodkapjes moeder of Roodkapje haar zieke grootmoeder, die slecht ter been is en in een huisje diep in het bos woont, een mand vol lekkere dingen wil brengen. Roodkapje houdt erg veel van haar oma en dus wil ze dit ogenblikkelijk gaan doen. Roodkapjes moeder zegt haar dochter nog: ‘Kind, blijf netjes op het pad, op het pad.’

Onderweg roepen haar de bloemen toe: pluk ons, pluk ons. Ze doet dat voor haar oma en vraagt zich tegelijkertijd af, doet dat geen pijn aan die steeltjes dat plukken, plukken? ‘Welnee, antwoorden de bloemen. Ruk je ons er met wortel en al uit, dan doet dat echt wel zeer.’

Roodkapje vervolgt haar weg en komt een Boze Wolf tegen, die met die grote ogen, en oren en die scherpe tanden. Maar dat weet Roodkapje nog niet want de wolf doet alsof hij zo lief is als een schooljuf en zegt met iets van een glimlach om zijn bek dat er een eindje verderop in het bos nog veel meer mooie bloemen staan, dat ze daar maar eens moet gaan kijken. ‘Maar ik heb er al genoeg,’ zegt ze tegen de wolf. Even is het beest van slag, dan grijnst hij, tevreden over zijn idee: ‘Maar die verderop zijn toverbloemen.’ ‘Toverbloemen?’ Die wil ze wel zien. Roodkapje volgt zijn raad op en gaat dieper in het bos, in het bos. De wolf rent ondertussen als een speer naar het huis van Roodkapjes vooral ook slechtziende grootmoeder en zegt met een hoog stemmetje aan de deur dat híj Roodkapje is, haar kleindochter. Grootmoeder zegt: ‘Kom maar binnen, kom maar binnen, lieverd.’

De wolf peuzelt in een mum de hele oma met pyjama, huid en slaapmuts op, trekt haar zondagse reservenachthemd aan en gaat op haar ledikant liggen. Als Roodkapje een kwartiertje later met haar mandje en al haar bloemen voor de deur staat, doet de wolf nu de stem van Roodkapjes grootmoeder na: 'Kom maar binnen, kom maar binnen.' Even later slokt de wolf ook Roodkapje met haar mandje, haar koekjes, haar bloemetjes en haar toverbloemetjes op.

Met een dikke buik valt de wolf in slaap. Hij snurkt zo hard dat een boswachter die voorbijkomt, denkt dat hij een illegale houtzagerij heeft ontdekt. Die oma zal toch niet... Als de man daarna het beest met zijn volgevreten buik op grootmoeders bed ziet liggen, begrijpt hij ogenblikkelijk wat er gebeurd is. Hij snijdt met een vlijmscherp slagersmes de buik van de wolf open en bevrijdt zo Roodkapje en haar oma die gelukkig nog niet verteerd waren. Als ze van de schrik bekomen zijn proppen ze de opengesneden wolf vol met grote stenen, naaien hem met grote steken dicht en verstoppen zich met z'n drietjes achter een boom.

Als de wolf even later wakker wordt, heeft hij een zwaar gevoel op zijn maag, voelt zich niet kiplekker. Wat duizelig en dorstig sleept hij zich in oma's bebloede nachthemd naar de waterput. Als hij vooroverbuigt om het water op te slurpen valt hij door het gewicht van de stenen in zijn buik voorover en stort de put in. Daarna heeft niemand ooit nog last gehad van deze boze wolf. Geen boswachter of passant vond nog een drol van hem.

Heb nog steeds niet kunnen achterhalen wie het was die aan Roodkapje vroeg: *Zeg Roodkapje waar ga je hene, zo alleen, zo alleen.*

Op een of andere manier hebben wij blijkbaar een van onze angsten de vorm gegeven van een sprookjeswolf en die in ons brein opgesloten. 'Het diepste zwart zit in onszelf,' mompelde een oude zanger mij laatst, vanuit de bodem van een glas, toe. 'Is het niet onze kinderangst die de Oost-Duitse wolf bedreigt?'

Nu ben ik nog van de Roodkapje-generatie, maar wat te denken van het volgende verhaaltje door Esma Linnemann in de krant opgetekend.

'Twee zwarte tieners lopen over een kronkelende weg door een donker bos. Ze dragen kleding uit de jaren vijftig: hij een baseballjack met de letter M op zijn borst gestikt, zij een vilten rok en een hoog opgeknoopte paardenstaart. "Je weet dat ik je leuk vind, toch?" zegt hij verlegen. "Ja," haar ogen en lipgloss glinsteren in het donker. "En ik hoop dat jij mij net zo leuk vindt. Ik vroeg me af… of jij mijn meisje wilt zijn." "O, Michael!" Ze valt hem in de armen. Maar dan betrekt het gladde gelaat van de jongen. "Er is iets wat ik je moet vertellen." "Ja, Michael?" "Ik ben niet zoals andere jongens." "Natuurlijk niet, daarom hou ik van je." "Nee, ik bedoel…, ik ben anders."'

Een volle maan verschijnt vanachter de wolken, en de jongen krimpt ineen. Grote hoektanden boren zich door zijn tandvlees. De jongen verandert in een weerwolf, half man, half beest, die als een krankzinnige achter het gillende meisje aan rent.

Dit verhaal, bedacht door de jongen, de jongeman, de kind-man-vrouw, cyborg, het buitenaardse wezen, de van pedofilie beschuldigde, onttroonde koning van de pop Michael Jackson. Zijn clip *Thriller* werd 596 miljoen keer, alleen al op YouTube, bekeken.

Wat nou Roodkapje of De wolf en die zeven geitjes, dat was maar een sprookje.

Nadat mijn zoon voor het eerst *Thriller* zag, kreeg ik hem met geen stok naar bed en ook de nachten erna niet. Hoe vaak, hoe mooi, hoe zacht ik hem ook in slaap probeerde te zingen, het lukte niet. Met geen 'Goedenavond speelman', 'Ozewiezewoze' of 'Fiere Pinksterblom'. Met als gevolg dat we wekenlang onhandig moesten vrijen vanwege een bang jongetje tussen ons in.

I'm always loving someone
more than he loves me.
Lord, I wished just this once
that's not how it would be.
I always try too hard
when I find someone new.
Lord, I wished just this once
you need me more than I need you.

I danced to please my father,
just to win one glance,
some sign of his approval,
I danced and danced and danced.
I smiled to make my mother
proud I was her child;
to gain some small attention
I smiled and smiled and smiled.

Dory Previn

Fiere Pinksterblom

Rob

En ik zou hem zo graag eens wezen... Natuurlijk zijn er vast ook kinderen die het liefst onzichtbaar blijven. Toch vermoed ik dat de meesten stiekem dolgraag het stralend middelpunt zouden willen zijn, een droom die misschien wel nooit vervuld zal worden. Gewoon door domme pech of door ouders die dat soort aandacht nou eenmaal niet kunnen opbrengen.

Hoe mooi het eruit kan zien als een kind zich gedragen weet door onvoorwaardelijke liefde en aandacht, zagen wij op een zonnige zomerochtend in Göteborg. Mijn vrouw en ik zaten op een bankje met zicht op een fontein. In het lichtglooiende zwarte asfalt spoot een straal wel 10 meter hoog, met daaromheen een cirkel van kleinere stralen die steeds van hoogte wisselden. Het was zo'n moderne fontein zonder opstaande rand, je kon er zo in lopen.

Een genoegen dat een klein zwart meisje zich niet liet ontzeggen. Met haar al even prachtige zwarte moeder was ze op een van de bankjes schuin achter ons gaan zitten. Ze wist niet hoe gauw ze haar kleren uit moest trekken. Kort overleg: onderbroekje ook? Ja, dat ook. En zo rende ze in haar fluwelig glanzend zwarte blootje de fontein in. Haar moeder lachte vertederd, wij ook.

De aantrekkingskracht van water op kinderen is zo groot dat het wel een of ander oergevoel moet zijn. Aan de andere kant van de fontein stond een blond meisje, ook een jaar of vijf, hand in hand met haar vader toe te kijken hoe het zwarte meisje vlak langs een straal rende om zich gillend van plezier een beetje nat te laten regenen. Aarzelend deed het blonde kind haar sandalen uit, het jurkje nog maar even niet. Ons zwarte prinsesje sloeg haar even gade en rende toen terug naar haar moeder. Het onderbroekje moest toch weer aan. Dat zat binnen de kortste keren vol zwarte vegen. Ze was op de grond gaan liggen en liet zich naar beneden rollen. Al dat water, ze kreeg er maar geen genoeg van. Ze stond een tijdje op één been en danste toen tussen de stralen door. Het leek of haar ledematen helemaal loszaten. Wat een voorstelling!

Ineens scheen ze zich te bedenken, liep langzaam op het blonde meisje af en stak uitnodigend haar hand uit. Kom maar, zei die hand, wees niet bang, ik ben bij je, ik doe het je wel voor.

Wij keken toe, nieuwsgierig wat er zou gebeuren. Ik was blij dat Annet naast me zat. We leven in een tijd waarin het al gauw argwaan wekt wanneer een man te lang naar kleine meisjes kijkt. Haar moeder had kennelijk geen last van dit soort bijgedachten, ze glimlachte toen ze zag hoe ook wij genoten van haar dochter.

Af en toe zat ik nog wel even in de gids van Göteborg te bladeren, maar geen enkele bezienswaardigheid kon op tegen de pure schoonheid van het tafereel dat ons hier in de schoot werd geworpen.

Het blonde meisje had haar sandalen toch maar weer aangetrokken. Misschien gaf haar dat voldoende zelfvertrouwen om de fontein in te lopen. Naarmate haar jurkje natter werd, kreeg ze er duidelijk meer lol in. Ze hadden elkaar gevonden, die twee, en zaten elkaar gillend van de pret achterna.

Om zo door en door nat te worden, wat een verrukkelijk spelletje!

Nu vond de vader het welletjes, waarschijnlijk had hij meer te doen.

Het meisje stribbelde tegen. Huilend trok hij haar mee, terug de grote mensenwereld in.

Wat verbouwereerd liep het zwarte meisje terug naar haar moeder. Die droogde haar af en hielp haar met aankleden. Even haalde ze haar hand door het kroeshaar van haar dochter, dat in korte, kleurige vlechtjes boven op haar hoofd stond. Het meisje staarde voor zich uit. De voorstelling was voorbij. Moeder en kind, ze konden niet weten hoeveel plezier ze ons hadden gedaan.

Opeens werden we ons weer bewust van de stroom voorbijgangers, doelgericht op weg naar de belangrijkste winkelstraat van Göteborg: koopjesjagers, veelverdieners, bollebozen, muggenzifters – alles wat kleine kinderen niet zijn.

We liepen tegen de stroom in terug naar de parkeergarage. Er bleef deze dag niets meer te wensen over, wij hadden een fiere, zwarte pinksterblom gezien. Wie zou haar niet graag eens wezen?

Jojo was a man who thought he was a loner
But he knew it wouldn't last
Jojo left his home in Tucson, Arizona
For some California grass
Get back, get back
Get back to where you once belonged

The Beatles

De Kromme Rijn

Herman

De dichter-journalist Arjan Peters citeert in de krant de Franse schrijfster Maryse Condé: 'Het is ook bekend dat je om gelukkig te zijn op deze aarde, een flinke dosis blindheid nodig hebt, zo kun je bijvoorbeeld armoede verdragen.' Arjan Peters vraagt dan: 'Dat is geen grap, neem ik aan?' Ze antwoordt: 'Helaas moeten we het leven verlaten zonder het begrepen te hebben, zonder ook te weten waarom we moeten lijden, een enigma [= duistere zaak, gesloten boek, mysterie, probleem, puzzel, raadsel, vraagstuk]. Geluk is alleen denkbaar door kunstmatig alle ongeluk weg te denken.'

Bovenstaande zet me nogal aan het denken. Terwijl ik dat zit te doen plingt mijn telefoon. Mijn dochter sms't op de familieapp dat ze haar verjaardag graag met ons wil vieren in een roeiboot op de Kromme Rijn.

De Kromme Rijn is een ongeveer achtentwintig kilometer lange rivier in de provincie Utrecht, lopende vanaf de Nederrijn bij Wijk bij Duurstede tot de Stadsbuitengracht in Utrecht en was vroeger de hoofdroute van de grote Europese rivier de Rijn. De rivier is ongeveer 3000 jaar terug ontstaan en vormde sinds ongeveer het jaar 47 na Christus de noordelijke grens van het Romeinse Rijk.

Een prachtige dag, blauwe lucht, zacht briesje. Mijn schoondochter zit naast haar vrouw, mijn dochter, aan het roer van een kingsize roeiboot zonder riemen. Het bootje vaart op een door een accu aangedreven motor. Je hoort alleen een zacht gezoem, het klinkt zoals vroeger een dynamo op een fietsband. Je hoort vooral het klotsen van het water tegen de boeg.

We varen langs oevers vol opgeschoten groen en bloemen, veel bloemen. Is dat penningkruid? Kleine watereppe? Kalmoes? Scherpe zegge? Bosvergeet-me-nietjes? Ronde zonnedauw en zowaar die oude vertrouwde gele plomp? Het water stroomt sneller naar Katwijk en is helderder dan ik had verwacht. Niet zo klaar als vroeger, maar toch. Hier en daar drijft er iets watervreemds voorbij, zoals een gescheurde plastic zak. In mijn spiegelbeeld dobbert tegen mijn neus een bierflesje, wat piepschuim, een stukje hout met een spijker waaraan een geknoopte veter. Even denk ik dat het een regenworm is. Vertel de drie vrouwen in het bootje van wat ik ooit over regenwormen las en een ooievaar, je weet wel, zo eentje die jou ooit naar ons toe bracht. Ooievaars eten vooral veel van die regenwormen, ze pikken uit het hoge gras alles wat worm is of daarop lijkt. Laatst hebben ze in Nederhemert een ooievaar gevonden in wiens nek een draai zat, zo'n draai als in een biedermeier tafelpoot. Ze hebben die nek opengemaakt. En wat bleek, zijn slokdarm zat verstopt met wel vijftig bruine postelastiekjes. De dierendokter heeft ze verwijderd en daarna de vogel weer dichtgenaaid. De ooievaar heeft het overleefd en bezorgt nu weer vrolijk baby's.

Er vaart ons een wat grotere boot tegemoet. Uit de kombuis klinkt 'Get back' van The Beatles. God wat waren we van slag toen we in 1969 hoorden, wat was ik, 24, tien jaar jonger dan onze jongste dochter nu, dat The Beatles uit elkaar gingen. Onze jongemannenwereld stortte een beetje in. Maks, onze bandsecretaris en manager, voelde zich het meest verwant met Paul McCartney, kon hem perfect nadoen. Mijn pianistenvriend Laurens zag zichzelf wel als een Lennon. Erik, onze bassist, had iets met Ringo Starr. Een George Harrison liep bij ons niet rond. Ik had een probleem: herkende me meer in de dartele lenigheid van Mick Jagger. Moest wel bekennen dat ook ik de The Beatles spannender dan die Stones vond. De Beatlesscheiding was een klap. Het voelde als verraad. Beatles horen niet uit elkaar te gaan. Wat moet een klaver zonder schoppen, harten, ruiten? Dan is het spel voorbij. Over de reden van het uit elkaar gaan van The Beatles zijn de meningen verdeeld. De een zegt dat ze simpelweg uit elkaar gegroeid zijn, de ander geeft de schuld aan McCartney die zijn eigen weg wilde gaan. Of was het Yoko Ono die zich tot ergernis van Starr, Harrison en McCartney ging bemoeien met de zaken van de groep en erop stond bij elke studio-opname aanwezig te zijn? Om die oude scheidingspijn varen we nu langs een ongekend mooie treurwilg. Even verderop leggen we aan voor een plasje aan de oever van landgoed Amelisweerd.

Amelisweerd is een landgoed in de gemeente Bunnik, ten oosten van de stad. Vernoemd naar ridder Amelis uit de Weerd, hoe kan het anders? Plannen voor aanleg van de snelweg A27 door het landgoed leidden tot jarenlange protesten en gerechtelijke procedures. In oktober 1978 vond een grote demonstratie plaats. Uiteindelijk moest in 1982 de Tweede Kamer erover beslissen. Een krappe meerderheid van eenenzeventig Kamerleden stemde voor de aanleg, negenenzestig tegen. Een deel van Amelisweerd werd bezet door actievoerders met een tentenkamp en boomhutten, een tactiek die later werd voortgezet door GroenFront! Het actiekamp werd op 24 september 1982 ontruimd door de politie en 465 bomen werden in rap tempo door bulldozers omvergeduwd. Op datzelfde moment diende in de rechtbank nog een kort geding dat de kap moest tegenhouden. In de rechtszaal meldde de gemeenteadvocaat dat de laatste boom inmiddels reeds gekapt was. Het kort geding werd daardoor zinloos. In 1986 werd de A27 door het westelijke deel van Amelisweerd aangelegd. Doodzonde. In onze kindertijd was het landgoed een sprookje, een waar ravottenoord. Daar zag ik voor het eerst in het echt een vos, zo'n goudbruine.

In Amelisweerd stonden onvergetelijke bomen. In één ervan mijn naam naast die van Truus en een hart met een pijl. De boom is weg, 'Get back' bestaat nog.

Heb iets met bomen. Mocht er om het uitzicht graag in klimmen. Zag van alles in de takken en de bast. Droogde alle mogelijke blaadjes in nooit gelezen oude dikke boeken. Trok ze over, tekende ze na, nerf na nerf. Kreeg nog meer bewondering voor die oude bomen en stronken toen juffrouw Bernhard op school vertelde dat je bomen wel kunt vergelijken met onze longen. 'Zonder longen kan ik niet ademen,' zei ze, 'zonder bomen kan de wereld dat niet.' Nam me toen voor dat, als ik later groot zou zijn, ik er veel zou planten om met ze op te groeien want ik had adem nodig en de wereld ook. Begon er met een paar achter ons eerste echte huis in Harmelen. Ik moest ze tot mijn spijt laten staan en dag zeggen omdat mijn lief en ik voor andere wegen kozen. Ben herbegonnen in Haastrecht, heb daar meer dan tien jaar gewoond in een moderne witte stolpboerderij. Ga daar nog weleens langs om met ze te bomen.

Om de gezondheid van de kinderen, zij kregen door die Haastrechtse nattigheid last van hun bronchiën, het stadje ligt immers anderhalve meter onder NAP, zijn we verhuisd, geëmigreerd naar het Soester zand. Daar heb ik echt uitgepakt. Zong zo'n twaalf hectare bij elkaar, plantte nog samen met mijn vader een duizend allerhande boompjes, meestal zaailingen, die in ongeveer dertig jaar zijn uitgegroeid tot een meestal vrolijk wuivend bos om wei en weitjes. Net als Amelisweerd heeft ons kleine koninkrijk inmiddels de heuse status van een landgoed. Weet dat dat geen garantie is.

In 1989 proclameerde Audrey Hepburn als UNICEF-ambassadeur in New York de Conventie voor de Rechten van het Kind. Een jaar later, op 29 september 1990, concretiseerden 181 landen de Conventie. Samen met Peter Ustinov en Jan Pronk plantten we op die dag ter gelegenheid van de Wereldtop voor Kinderen in de tuin van de Verenigde Naties een Boom voor het Leven, symbool voor ontwikkeling. Ik was toen UNICEF-ambassadeur voor de Nederlandse jeugd. Hoe zou het met hem gaan? Staat hij er nog? Heeft hij nesten? Ga volgend jaar met Kerstmis bij hem op visite om wat bij te babbelen.

Sommige mensen praten met planten en bomen. Niet alleen prinsen en prinsessen, Alice, die van Wonderland, maar ook huis-tuin-en-keukenmensen.

Kom ik thuis na zo'n tournee in een vreemd land, dan doe ik na een rondje 'hallo's', knuffels en 'hoe gaat hets', de planten. Dat is een van mijn kleine taken in ons huishouden.

Wij hebben er niet veel. In de keuken staat een vrolijke grote varen. In de haardkamer twee planten met schoenlepelachtige blaadjes waarvan ik de naam niet weet. En op de deel staat een stel vetplanten, die mijn moeder destijds met een zemen lapje, blad voor blad, één keer in de week schoon streelde.

Ik mag graag, net als mijn vader ooit, terwijl ik spuit of giet, wat met de planten babbelen. Niet dat ze iets terugzeggen, maar ergens geloof ik dat ze mij op hun eigen plantaardige manier verstaan.

In ons smalle hoge huis in die Utrechtse straat stonden er destijds alleen planten in onze huiskamer en in de deftige kamer. In de huiskamer stond een parmantige

Alocasia, een skelettenplant en in de deftige een rijtje Allamanda-achtigen. De Alocasia noemde mijn vader 'Juffrouw Gerson', de planten op de vensterbank noemde hij 'mijn rakkers'.

Heb hem een keer horen zeggen: 'Rakkers, willen jullie vandaag niet zo rumoerig groeien, moeder de vrouw heeft vanmorgen haar vader verloren.'

Planten doen nogal wat voor ons. Ze leveren voedsel, energie en zuurstof. Zonder planten zouden we het aanstaande weekend niet halen. De mens, zo schrijven Stefano Mancuso en Alessandra Viola in hun boek *Briljant groen*, beschikt over een handvol zintuigen. Een plant ook. En daarnaast over nog minstens vijftien andere. Planten waarschuwen elkaar met geurstoffen voor vijanden zoals planteneters of bulldozers. Vormen met hun wortels enorme netwerken. Ze communiceren met vogels, insecten en elkaar over hun leefomgeving. De planten in ons huis zijn niet doofstom en heel wat slimmer dan het bankstel.

In 2009 heeft de Royal Horticultural Society besloten een met-planten-pratentheorie te testen door tomatenplanten literatuur voor te lezen via een aan de wortels bevestigde koptelefoon van een MP3-speler. Passages uit Shakespeare en uit John Wyndham's *The Day of the*

Triffids (*De Triffids komen*) werden als testopname uitgekozen. De gemeten groei van die planten werd afgezet tegen die van een controlegroep van planten die in stilte groeiden. Heel verrassend kon de uitkomst niet zijn. In juni van dat jaar publiceerde *The Telegraph* de resultaten. De planten bleken toch te hebben gereageerd. De voorgelezen planten waren harder gegroeid dan de controleplanten. En, opmerkelijk, een vrouwenstem had duidelijk meer effect op ze. 'Ik begrijp,' zo zegt Penelope Lively in haar boekje *Leven in de tuin*, 'meteen waarom ze kozen voor de *The Day of the Triffids*, een sciencefictionverhaal over wandelende planten met giftige angels. Maar er stond niet bij of dat boek effectiever was dan Shakespeare. Als dat zo was, moeten we ons denk ik zorgen gaan maken.'

When I left my home and my family
I was no more than a boy
In the company of strangers
In the quiet of the railway station
Running scared
Laying low, seeking out the poorer quarters
Where the ragged people go
Looking for the places
Only they would know

Paul Simon

Get back

Rob

Onvoorstelbaar dat The Beatles, in de acht jaar dat ze bij elkaar waren, 213 nummers hebben gemaakt! Al is misschien niet alles even goed, er is geen enkele andere groep die zoveel topnummers heeft geschreven. Daarmee hebben ze een onuitwisbaar stempel op de wereld gedrukt, en hun invloed beperkte zich niet alleen tot de muziek.

'Get back' is zo'n beetje hun laatste nummer. Ik ben geen componist, toch lijkt het mij moeilijker om een pakkend en interessant up-tempolied te schrijven dan een ballade. Bij 'Get back' heb je na één keer luisteren het gevoel dat het altijd al heeft bestaan, zo makkelijk ligt het in het gehoor. Tegelijkertijd zo stuwend en intens gespeeld en gezongen dat het niet gauw verveelt.

De tekst heeft iets dubbelzinnigs, ook omdat die nogal summier is. Oorspronkelijk had McCartney als eerste zin 'Don't dig no Pakistanis taking all the people's jobs', bedoeld als parodie op de taal die sommige politici gebruikten om zich af te zetten tegen de komst van immigranten uit Pakistan en Kenia. Maar zoiets kan makkelijk verkeerd begrepen worden. Voor je het weet wordt wat jij spottend bedoeld had, misbruikt als aanmoediging voor racistische standpunten. Vijftig jaar later is dat niet anders, nu een wereldleider tegen kritische congresleden met een migratie-achtergrond twittert: 'Go back to where you belong' of iets van die strekking. Daarmee maakt hij zich populair bij mensen die elke maand weer de grootste moeite hebben de eindjes aan elkaar te knopen. Het zijn steeds de armste wijken met de laagste bestaanszekerheid waar de instroom van grote groepen immigranten het sterkst gevoeld wordt.

'Get back' heeft echter een heel andere invalshoek: dat het voor mensen die met zichzelf in de knoop zitten, raadzaam is om hun eigen wortels niet kwijt te raken.

Vier jaar nadat ze voor het laatst voor een publiek hadden gestaan, gaven The Beatles op het dakterras van hun eigen platenmaatschappij een onverwacht concert. Het was 1969. In de drukke winkelstraat beneden hen bleven steeds meer voorbijgangers staan, hoewel er ook genoeg waren die geërgerd doorliepen. Er verschenen steeds meer Londense bobby's in de straat, maar de agenten wisten met de situatie duidelijk niet goed raad en renden besluiteloos heen en weer om de groeiende chaos te beteugelen. De enthousiaste toeschouwers lieten zich echter niet wegjagen, omdat ze zich realiseerden hoe uniek dit optreden was.

The Beatles openden met 'Get back'. Vanaf de eerste maat klonk het overtuigend. Ondanks de kille, grijze januaridag en hun koude handen, kon je horen hoe ontzettend goed ze waren. Wie weet wilden ze met dit geïmproviseerde openluchtconcert bewijzen dat de fantastische nummers op hun latere platen door henzelf werden gespeeld en niet door studiomuzikanten, zoals het hardnekkige gerucht ging.

Nadat Paul McCartney zich had uitgeleefd in 'Get back', zong John het ontroerende 'Don't let me down...' 'I'm in love for the first time, don't you know it's gonna last, it's a love that lasts forever, it's a love that has no past'. Duidelijk geïnspireerd op zijn geliefde Yoko Ono, een Amerikaanse avant-gardekunstenares van Japanse afkomst. In de jaren dat Annet in New York woonde, zag zij Yoko Ono weleens optreden in The Cauldron, een macrobiotisch restaurant in de East Village. Ze hield zich bezig met 'performance art'; midden jaren zestig bijvoorbeeld met Bag Piece. Daarbij nodigde ze mensen uit om in een grote, zwarte zak te stappen en hun kleren uit te doen. Het idee was dat ze dan even konden ervaren hoe het zou zijn als alle etiketten van ras, sekse, leeftijd en status wegvielen. Yoko woonde destijds boven de studio van Niels Miller, bij wie Annet toneellessen volgde. Niels kwam een paar jaar later in Nederland wonen en heeft samen met Herman in 1976 de regie gedaan van Hermans muzikale volkstoneelstuk *Jukebox*.

Er wordt beweerd dat ieder mens slechts zes handdrukken verwijderd is van elk ander mens op deze planeet. Daar heb ik altijd mijn schouders over opgehaald. Toch is het bizar te bedenken dat Herman en ik in die tijd via Niels en Yoko Ono slechts drie handdrukken van John Lennon gescheiden waren!

Door veel Beatlefanaten werd Yoko Ono beschouwd als een splijtzwam, verantwoordelijk voor het uiteenvallen van The Beatles. Waarschijnlijk geheel ten onrechte, want het boterde al veel langer niet tussen John en Paul.

Tijdens dit dakconcert was ze er niet bij, of in elk geval niet in beeld. Wel was ze in de studio bij de opname van 'Get back'. Zoals John later beweerde, keek Paul, elke keer wanneer hij het refrein zong met 'get back to where you once belonged', in de richting van Yoko. Inmiddels was de sfeer tussen Paul en John om te snijden. Ze waren allebei niet bij machte om zich over hun eigen pijn en frustratie heen te zetten; daarvoor had oud zeer zich blijkbaar al te lang opgehoopt. De spanning liep zo hoog op dat George Harrison én Ringo Starr al een keer waren gevlucht omdat ze het met die twee in de studio niet uithielden. Het kan bijna niet anders dan dat ze alle vier, behalve een beetje treurig, vooral heel erg opgelucht waren toen via de pers naar buiten kwam dat The Beatles ophielden te bestaan.

Voor de fans was het een enorme schok. In het Journaal huilende meisjes in minirok, nors kijkende jongens die iets onverstaanbaars stamelden en de onvermijdelijke mannen in pak die geld roken. Het voelde alsof hiermee een tijdperk werd afgesloten. Natuurlijk hebben John, Paul, George en zelfs Ringo daarna nog prachtige platen gemaakt. Maar voortaan konden we ons nooit meer verheugen op het uitkomen van een nieuwe single of elpee, die vaak al weken van tevoren werden aangekondigd. 'Strawberry fields forever', 'Penny Lane', 'Help', 'Hey Jude', 'For no one', 'A day in the life', 'She's leaving home', 'Something', 'Here comes the sun', aan die verbluffende stroom meesterwerken was definitief een einde gekomen. Het zijn er te veel om op te noemen, maar 'Get back' is er zeker een van... 'Hey Jojo, get back to where you once belonged.' Voorbij, voorbij, voorgoed voorbij, of zoals Herman vroeger met enige zelfspot placht te zeggen: 'Dooz wur de daais!'

leef, alsof het je laatste dag is
leef, alsof de morgen niet bestaat
leef, alsof het nooit echt af is
en leef, pak alles wat je kan

Meisjes mooie jongen

Herman

Ben op weg naar Carré, zie in de buurt van Maarssen dat de bandenspanning van mijn rechtervoorband daalt. Neem vaart terug. Misschien haal ik het nog op een akkertje. In de Utrechtsestraat is de band zo zacht dat ik bijna niet meer kan sturen. Weet de auto nog net op een mindervalide plek te parkeren. Bel de ANWB en wacht in een café achter een cappuccino op wat er gaat gebeuren. Durf met mijn vioolhanden de auto niet op te krikken om het wiel er zelf af te halen. Terwijl de jukebox Hazes preekt

op een vrijdag in de kroeg
ergens in Amsterdam
zat aan de bar met een glas
een oude wijze man

hij zei dat die nog maar
een paar dagen had
dus pak het leven, pak alles en ga ermee op pad

lees ik de krant. 'Rustig weer, normale temperaturen', staat er. Het opmerkelijke aan deze opening is het derde woordje *normale*, want wat het weer betreft is alles abnormaal. De extreme warmte is uit het land verdwenen. De komende dagen worden de maxima tussen de achttien en de drieëntwintig graden voorspeld. Voor veel mensen zijn dat aangename temperaturen. Oorzaak van het koelere weer is een luchtstroming die van de Noordzee komt. Dankzij een hogedrukgebied boven het onverenigd Koninkrijk en lage druk boven Scandinavië wordt er een overwegend noordwestelijke stroming in stand gehouden. Het weerbeeld is daarbij rustig, dinsdag zijn er perioden met zon, wel trekken er wolkenvelden over die het de zon soms moeilijk maken, met name in het noorden. Mogelijk valt daar een enkel buitje uit wat dikkere bewolking. Buitje? Het is hondenweer. Gelukkig zijn de stormvlagen buiten niet sterk genoeg om de woorden uit de krant in de vergetelheid te jagen.

In mijn hoofd gonst een kinderliedje.

het regent dat het giet
en ik word niet nat

ik heb nog wat vergeten
maar ik weet niet wat
oh mijn lieve Augustijn
ik wil altijd bij je zijn

Bisschop Augustinus, die van driehonderdvierenvijftig, schreef van alles over de menselijke wil. Hij was een inspirator voor filosofen als Kant, Schopenhauer, Nietzsche. Kom op hem door dat regenliedje, waarna ik menselijk wil dat die gasten van de ANWB komen voordat het café verdrinkt.

Er droomt iets in mijn ogen.

Ik zie Carré. In de parterre groeit dodemansduin. In de stalles schoolt haring, bot en kabeljauw. Anemonen zweven in de loges en op de balkons algt rood en diepgroen zwierig wier. Op het toneel sneeuwt het licht plankton en wacht er tot de zon opgaat *Spinulosida*, zijne Koninklijke Hoogheid de zeester, terwijl de mosselen zingen: 'Geen leven is verloren', het volkslied van het water. 'Het gaat, het blijft, het gaat voorbij, het blijft, het blijft voorbijgaan.' Was dat niet van Jules Deelder, die Rotterdamse dichter?

Hoog boven in de nok, blauwvissen, tonijnen, tuimelaars, zeespinnen, vliegende honden, vallende dolfijnen.

Iemand klimt op het dak van het wintercircus, steekt zijn hoofd boven het oppervlak, zoekt houvast, reikt met zijn langste arm naar de sterren. Hij gebruikt zijn verstand en vliegt zoals iets wat betoverd is, weg. Ik heb toch alleen maar een cappuccino gedronken?

Er komt een man op me af. Hij gaat bij mij aan tafel zitten en vraagt: 'Bent u het? Ik bedoel.' 'Ik ben het,' zeg ik, 'die u bedoelt. Van Veen, Herman.' 'Precies.' De man doet zijn bril af. 'Weet u, ik vond u altijd niet om aan te horen, net zo verschrikkelijk als die Jacques Brel, onbegrijpelijk. Maar mijn vrouw hield heel veel van u. En nu ze dood is hou ik van alles waarvan zij hield, dus ook van u. Mag ik u iets aanbieden?'

De ANWB is er.

Wanneer de Schelde blinkt in zuidelijke zon
En elke Vlaamse vrouw flaneert in zon-japon
Wanneer de eerste spin zijn lentewebben weeft
Of dampende het veld in juli-zonlicht beeft
Wanneer de zuidenwind er schatert door het graan
Wanneer de zuidenwind er jubelt langs de baan
Dan juicht mijn land, mijn vlakke land

Jacques Brel

Rosa

Rob

Rond mijn zestiende werd ik het langzamerhand zat om bij mijn ouders op de bank tv te kijken. Zodra het Journaal afgelopen was, ging ik meestal gauw weer naar mijn zolderkamer. Alleen de zeldzame keren dat Jacques Brel op televisie was, bleef ik gefascineerd zitten. In de jaren vijftig was het Franse chanson nog niet door het Angelsaksisch muziekgeweld van de buis verdreven. Je had van die programma's die zich zogenaamd in Parijs afspeelden, op Place Pigalle of op Montmartre. Programma's met een hoog olala-gehalte, maar allemaal even geestdodend. Met gasten als Charles Trenet of Gilbert Bécaud, maar zelfs een Édith Piaf haalde het voor mij niet bij de fenomenale inzet en bezetenheid van Brel.

Op zijn vierentwintigste laat hij zijn jonge gezin, zijn baan in de kartonfabriek van zijn vader en al zijn vrienden in de steek, om gewapend met een gitaar en drieëntwintig chansons naar Parijs te gaan. Waar niemand op deze rare Belg zit te wachten. Na tientallen audities mag hij eindelijk in een paar café chantants optreden. Al na enkele liedjes is de gezellige sfeer verpest en eindigen zijn korte optredens vaak met gefluit en boegeroep. De paar mensen die in hem blijven geloven, raden hem aan om wat toegankelijker te schrijven. Het lukt hem zowaar een nummer te maken dat – onbedoeld – troost biedt aan een land dat niet alleen verwikkeld is in een bloedige oorlog met Algerije, maar ook gruwt van het neerslaan van de Hongaarse opstand door de Russen. Voor het eerst wordt hij op de radio gedraaid. Na jaren van radeloosheid – leven op stokbrood en camembert, in naargeestige achterafkamertjes – behaalt Brel zijn eerste succes.

In 1959 schrijft hij het verpletterende 'Ne me quitte pas'. Naar zijn idee een loflied op de lafheid. 'De lafheid van mannen die niet zonder een vrouw kunnen en zich daarom in allerlei bochten wringen om haar maar niet te verliezen,' hoorde ik Brel zeggen in een recente documentaire. Dat hij het over 'lafheid' had, verbaasde me. Voor mij laat dit lied juist zien hoe ontzettend kwetsbaar elk mens is in de liefde: zodra het hart zich opent, is het overgeleverd aan de goedertierenheid van een ander. Is het dan een wonder dat er mensen zijn die er maar liever nooit aan beginnen, of het na een paar pijnlijke pogingen voor gezien houden?

Terwijl ik dit opschrijf, stuurt een vriendin een sms'je: 'Ik heb er weer eens een potje van gemaakt. Mijn amper begonnen relatie alweer in de kiem gesmoord vanwege mijn hysterische verlatingsangst. Heb de jongeman de stuipen op het lijf gejaagd. Ben zelf drie dagen volkomen van de kaart geweest.'

De meesten van ons geven niet op, voortgedreven door de hoop dat het een volgende keer wél zal lukken. Als geharde guerrillastrijders in een mijnenveld met slechts één doel voor ogen: de verovering van andermans hart. 'Love is a battlefield,' zong Pat Benatar in een hit uit 1983.

Brel was evenmin te stuiten in zijn zoektocht naar warmte en beschutting. Na de optredens, waarin hij zich helemaal gaf, begon zijn nachtleven – voor hem misschien wel het echte leven. Hij omringde zich met een paar dierbare vrienden, bezocht bordelen en zoop zich half lam. Brel beweerde niet echt van vrouwen te houden omdat ze volgens hem de liefde niet waard zijn – geen recept voor gelukkige relaties. Het zou kunnen dat deze cynische kijk op de liefde bijdroeg aan zijn ‘hunkering naar de oneindigheid’ die, naar eigen zeggen, de motor vormde voor zijn intense chansons.

Zelfs ‘Rosa’, een van zijn meer vrolijke liedjes, geeft hij een enorme lading mee. Zijn passie voor het leven is hier vermengd met wanhoop en twijfel of hij ooit zal kunnen ontsnappen aan de wereld van de volwassenen. ‘Wat zijn ze angstaanjagend, hè?’ zegt hij in een interview waarin hij vertelt hoe hij er met twaalf jaar van overtuigd was dat zijn ouders en al zijn ooms en tantes volkomen getikt waren. Of – andere mogelijkheid – dat ze alleen maar zulke stomme dingen zeiden omdat híj in de buurt was.

‘Rosa’, ogenschijnlijk een grappige grammaticales – met als voorbeeld het Latijnse woord ‘rosa’ voor ‘roos’ – is in feite een loflied op zijn nichtje Rosa. Op het ritme van de tango verbuigt Brel in zijn jongensdromen z’n keurige nichtje Rosa. Door het om de paar coupletten opdreunen van ‘Rosa, rosa, rosam, rosae, rosae, rosa’, worden we eraan herinnerd hoe kennis er bij ons ingestampt wordt tot we slaafs gaan meedraaien in de maatschappij. Brel ontsnapt eraan door zijn eigen weg te kiezen en alles achter te laten – tot grote teleurstelling van zijn ouders. In een vertaling van Ernst van Altena wordt het zo samengevat:

De tango die ik nimmer leerde
Daar ik toen al rebelleerde
En de verbuigingen begeerde
van mijn nichtje Rosa

Volgens de meeste zangers en zangeressen is zingen het mooiste wat er bestaat. Iemand die met volle inzet zingt, richt zich rechtstreeks tot het hart. Daar word je gelukkig van, dat kan bijna niet anders. Het is iets dat ik Herman ook herhaaldelijk heb horen zeggen. Iemand als Brel gaf echter nooit de indruk dat hij plezier beleefde aan zijn optredens. Het was meer een grimmig orgasme van een man die, om niet uit elkaar te barsten, geen andere keus had dan voor een publiek zijn stem te laten horen.

Terwijl Herman is blijven zingen en van geen ophouden weet, geeft Brel al op z'n zevenendertigste zijn laatste concert. Zelfs die allerlaatste keer weigerde hij om een toegift te geven; zijn stelregel was altijd geweest dat hij zich op het podium werkelijk helemaal gaf en daarna geen energie meer overhad. Hij hield voet bij stuk, zelfs na staande ovaties van een kwartier of langer. Misschien verliepen zijn optredens in een soort roes en was na het laatste lied de betovering in één keer verbroken.

Van alle muzikale helden kan ik mij het moeilijkst in Jacques Brel verplaatsen. Van jezelf denken dat je onverwoestbaar bent en dat je dus ongestraft vier pakjes sigaretten per dag kunt roken, je regelmatig bijna kunt doodzuipen en dat met in elke stad een ander liefje, als een zeeman op het droge.

Niemand kan inschatten hoe zijn roekeloze manier van leven heeft bijgedragen aan al die schitterende liederen. Was het desondanks of juist dankzij? Nadat hij definitief gestopt was, heeft hij tweeëntwintig jaar een totaal ander leven geleid. Om het jachtige leven in Europa te ontvluchten, zwierf hij in zijn eigen zeiljacht met zijn toenmalige partner over de wereldzeeën. Zij vestigden zich uiteindelijk in Hiva Oa, een van de Markiezeneilanden midden in de Stille Oceaan. Hier was Brel al gauw bekender als piloot dan als zanger. Waar en wanneer het maar nodig was, vervoerde hij mensen of bracht hij de post rond. Hij gaf niet de indruk zijn leven als zanger ook maar één seconde te missen. Toch stond hij nog onder contract bij Barclay, zijn oude platenmaatschappij, en was verplicht nog een album op te nemen. Dat werd *Les Marquises*, met nummers als 'Jojo' en het briljante 'Voir un ami pleurer', dat Herman in een vertaling van Wilmink prachtig heeft vertolkt.

Tijdens de opnames was Brel al zwaar ziek. Een paar jaar eerder was longkanker geconstateerd. Hij had last van ademnood en kon niet meer dan een of twee nummers per dag inzingen. Meteen na de opnames keerde hij terug naar de Markiezeneilanden en liet de publiciteit over aan de platenmaatschappij. Van *Les Marquises* werden er meer dan een miljoen exemplaren verkocht. Een jaar later moest hij zijn geliefde Hiva Oa verlaten om na een paar maanden in een Parijs ziekenhuis te overlijden.

Buona sera signorina buona sera
It is time to say goodnight to Napoli
Though it's hard for us to whisper buona sera
With that old moon above the Mediterranean sea

Louis Prima

Tante Vingerhoed

Herman

‘De hele psychoanalyse is gebaseerd op het idee dat je een opening geboden krijgt om ervaringen waar je ongelukkig van wordt vanuit een ander perspectief te bezien,’ zegt Annejet van der Zijl. ‘Dat je de naald die vastloopt op de grammofoonplaat in een andere groef kunt zetten, zodat de muziek van je leven wél ongestoord kan doorspelen. En dat je inziet dat er met het basismateriaal in je hoofd ook een andere film te maken valt. Eentje waarmee je prettiger doorleeft en die je misschien wel sterk maakt in plaats van zwak.

Wat er wel toe doet zijn de beelden van wie je was en het plezier in elkaar. Van alles wat je in al de gezamenlijke tijd met elkaar betekende. En die beelden worden juist steeds sterker en levendiger, die doen je glimlachen, die reizen met je mee, die zijn veilig in je hart én in die wonderbaarlijke machine die je geheugen heet.'

In feite is het een zegen dat ons geheugen selectief is. Als we ons alles zouden herinneren werden we stapelgek. Lang leve het geheugen.

Ik kijk op van de woorden, zoek met mijn ogen naar de pick-up in de kast en denk aan Tante Vingerhoed.

Een bijnaam is een naam die niet bij de burgerlijke stand staat geregistreerd. Deze is niet door de ouders of verzorgers aan zo'n gemeentelijk loketje na de geboorte aan het kind gegeven. Een bijnaam wordt iemand op latere leeftijd door mensen in de nabije omgeving gegeven en maakt iets over iemand duidelijk. Er zit altijd een verhaal of anekdote aan vast. Bijnamen besparen vaak een hoop uitleg. Zodra je de naam hoort, weet je eigenlijk al wie of wat voor persoon ermee bedoeld wordt. Bijnamen kwamen vooral voor in volkswijken zoals die van ons, de Vogelenbuurt. 'Niemand noemde of noemt in een deftige buurt de daar wonende hoogleraar, Jan Lulmaardoor of een dame met een ruim bemeten postuur de Zonsverduistering,' schrijft de brommende professor Maarten van Rossem in het boekje *Utrechtse bijnamen* van Evert van der Zouw.

Wij, die uit de Utrechtse bisschopsstad komen, worden ook vandaag nog T-dieven of T-slikkers genoemd. Dit omdat wij vaak de laatste T van bepaalde woorden niet uitspreken.

Mijn moeder, die uit Wijk C kwam, werd door iedereen in onze straat Tante Hoeffie genoemd, haar achternaam was Verhoeff. Ik heette destijds Hempie omdat mijn hemd altijd uit mijn broek hing. Mijn vader werd door sommigen de Badmuts genoemd, hij was medeoprichter van de watersportvereniging Zwemlust en kaal. Onze buurman noemden wij de Duivenmelker omdat hij een zolder vol met duiven had, snelle duiven die meededen aan postduivenwedstrijden.

Zo'n duivenhouder roept vandaag associaties op met een bijna uit het zicht verdwenen wereld van proletarische vrijetijdsbesteding. Zie nog vanuit de keuken hoe door hem kooi na kooi geopend werd en honderden duiven nog een beetje onwennig wegvlogen. Hoe hij dikwijls met zijn oor aan de radio zat om te luisteren naar de postduivenberichten. Wat zou hij winnen?

Mijn Tante Vingerhoed, die zo genoemd werd om haar gouden handen, kon borduren wat ze zag, een vlinder op een blouse, een kerstman op een wintertrui, een grote zonnebril op een bustehouder. Ik kan haar naam niet noemen want ze heeft nog twee ongeveer levende kinderen. Anna Vingerhoed had het niet breed. Haar man was overleden en de Italiaanse gastarbeider waarmee ze vree was werkeloos. Ik mocht haar graag bezoeken omdat ze een pick-up had. Uren kon ik bij haar zitten, plaatjes draaien, The Everly Brothers, Elvis de Pelvis, Édith Piaf, Neil Sedaka, Louis Prima. Van zijn 'Buona sera' kon ik niet afblijven.

Zilveren versterker aanzetten. Genieten van het aanspringende lampje. Vervolgens transparante stofkap van de platenspeler openen. Voor het draaien van een singletje niet vergeten eerst een plastic geribbeld singlerondje over de as te plaatsen, dit vanwege het grotere middengat. Papieren binnenhoes voorzichtig uit buitenhoes trekken, je wilt geen krassen, nog even in het licht houden om te zien of er stof of pluisjes op het plaatje zitten. Indien nodig met speciaal doekje uit de geleende brillenkoker van oma schoonmaken. Met de gewenste kant naar boven de plaat boven de as houden en via het gaatje naar beneden steken en go. Naaldarm boven het begin van de plaat hangen en zie, hoe is het mogelijk, de plaat gaat nu automatisch draaien. Naald met behulp van een hendeltje langzaam op de buitenste rand van de plaat laten zakken en genieten.

'Herman,' zegt tante midden in een liedje van Jan en Kjeld, 'mijn strijkbout is kapot.' Wij naar Galeries Modernes. We liepen door het warenhuis. Zag hoe ze een doos pakte waarin een spiksplinternieuwe bout. Ze liep ermee naar de kassa en zei: 'Mevrouw, deze bout had ik voor de verjaardag van mijn zuster gekocht maar haar man had ook al een bout gekocht. Wat heb je nou aan twee bouten? Dus mag ik die van mij teruggeven?'

'Heeft u het kassabonnetje nog?' 'Nee,' zei Tante Vingerhoed. 'Tja, dan kunnen we uw strijkbout niet terugnemen.'

A long, long time ago…
I can still remember
How that music used to make me smile
And I knew if I had my chance
That I could make those people dance
And, maybe, they'd be happy for a while
But February made me shiver
With every paper I'd deliver
Bad news on the doorstep;
I couldn't take one more step
I can't remember if I cried
When I read about his widowed bride
But something touched me deep inside
The day the music died

Don McLean

Buona sera

Rob

Met dit nummer heeft Louis Prima de ongelooflijk suffe jaren vijftig nog een beetje opgefleurd. Net als een flinke dot slagroom op de smakeloze plak cake na afloop van een begrafenis. Wat waren die jaren saai! Of heb ik dat alleen maar zo gevoeld, terugblikkend vanuit de jaren zestig toen het leven voor mij eindelijk begon? Waarschijnlijk wel, want als kind had ik natuurlijk niet zo'n last van die saaiheid. Ik was te druk bezig met voetballen en hutten bouwen. En met vechten op de dijk tegen jongens van de naburige Klaas de Vries-school. Gelukkig bleef het meestal bij dreigen. Ik weet nog dat we een keer met zo'n twintig jongens tegenover elkaar stonden. De beide aanvoerders stapten naar voren, die van de tegenpartij begon te schreeuwen dat we moesten opsodemieteren; dit deel van de dijk was immers van hen!

Onze man zei niks, haalde een klein gummiknuppeltje uit zijn achterzak en sloeg zijn tegenstander hard op zijn kop. Die had hier niet van terug, geluidloos zakte hij in elkaar. Zonder te hoeven vechten, liepen we zegevierend terug naar onze school. Buona sera, signorina, buona sera... Bewonderende meisjesblikken toen we het schoolplein op liepen. 'In the meantime let me tell you that I love you...' We wilden dat misschien wel, maar hadden daar de woorden nog niet voor. Veel verder dan een meisje strelen op de dijk kwam het niet.

Louis Prima werd geboren aan het begin van de vorige eeuw. Als zanger en muzikant kon hij met veel verschillende muziekstijlen uit de voeten: van jazz en swing tot pop. 'Buona sera', het nummer dat hem faam bracht, werd geschreven door Carl Sigman en Peter DeRose. Namen die mij totaal onbekend zijn, maar volgens Wikipedia twee mannen die ruimschoots hun sporen hebben verdiend in de Amerikaanse muziekindustrie.

Eigenlijk was dit nummer ergens weggezakt in mijn onderbewuste, totdat Herman het ging zingen in een van zijn latere voorstellingen, met zo'n aanstekelijk plezier dat heel Carré er een halve meter door opgetild werd. Het swingde als een gek. Zijn muzikanten hadden er duidelijk al net zoveel lol in als hij. Het zijn van die momenten dat alles wat er mis is in de wereld er even niet toe doet. Wanneer een nummer als 'Buona Sera' met zoveel inzet wordt gezongen, wint levensvreugde het van cynisme en kun je drie minuten lang van de mensheid houden. Veel mensen lijken in een soort ruststand te staan, als zo'n blikken autootje dat eerst opgewonden moet worden. En muziek is altijd een perfect middel om mensen in beweging te brengen. Daar in Carré kreeg Herman de zaal weer moeiteloos mee... 'Buona sera, signorina, kiss me goodnight!'

We zongen
wat we hebben.
Wat hebben we?

Een andere man

Herman

Ik had een tekening gemaakt van een jongen en een meisje. De jongen op de tekening, dat ben ik. En het meisje is Ada. Ik ben verliefd op haar maar zij niet op mij. Dat kun je zien want de jongen op de tekening kijkt met neergeslagen ogen naar de grond. Het meisje kijkt om omdat ze hoopt dat Max eraan komt. Ze is verliefd op hem. Ik vind dat niet heel erg want Max is mijn vriendje. Terwijl de jongen naar de grond kijkt denkt hij, oké, dan word ik maar verliefd op Truus want die wil mij ook. Dat is een stuk handiger.

Op de tekening staat ook een boom, dat is een appelboom. Zijn appels zitten altijd vol met pieren. Die frummel ik eruit om mee te vissen. Die vissen zijn gek op appelbomenpieren.

In de verte een huis, daar ga ik later als ik groot ben wonen. Het is een boerderij met paarden, schapen en koeien. Die staan achter de boerderij omdat ik die te moeilijk vind om te tekenen. In het huis draait iemand een plaat van The Everly Brothers, daar houdt mijn moeder zo van. Ik heb dat niet getekend want muziek kun je niet tekenen. Dat is de zon, dat kun je wel zien aan de kleur. De warmte heb ik wel geprobeerd te tekenen maar dat is mislukt.

Lieve jongen, opa heeft deze tekening voor jou bewaard want ik wist wel dat jij een keertje zou komen.

Dit heb ik me nooit herinnerd: het is bijna Kerstmis, het regent. Hij rijdt in zijn Renaultje 10 binnendoor naar het dorpje Harmelen bij Utrecht. Daar bezitten hij en zijn jonge vrouw een bungalow van gele steentjes met een plat dak midden in de flowerpower. Tuintje voor, tuintje achter, drie kamers, badkamer, keuken, aangebouwde garage. Ze zijn daar gelukkig. Hebben niets te klagen. Zou je ze vragen, geef een cijfer voor jullie geluk, zouden ze zeggen, een acht. Net voorbij Woerden, of was het Bodegraven, doet hij de autoradio aan. Hoort John Lennon die zingt:

look at me
oh my love
here I am

what can I
do for you

Hij ziet dat zijn handen, die het stuur vasthouden, wit worden. Water vult zijn ogen. Ruitenwissers helpen niet. Het houdt niet op. Hij zet zijn auto in de berm en huilt als een kleuter terwijl hij denkt aan zijn jonge vrouw en haar ouders. Ziet in gedachten hoe ze elkaars handen pakten toen zij gingen trouwen. Hun dochter met de zoon van hun levenslange vrienden, Jan en Hoeffie. Denkt aan zijn ouders, hoe ze toen blikken wisselden. Onze zoon met de dochter van Dirk en Jet?

nobody knows but me
nobody else can see
just you and me
who are we

Ze waren er zo zeker van dat ze alles wat ze zich konden herinneren van elkaar zouden kunnen gaan krijgen. Daarom was hij met niemand samen geweest voor haar, en zij met niemand voor hem. Hadden ze dat moeten proberen? Zij zou de helft van haar wereld meenemen, hij de andere en ze zouden die samen als puzzelstukjes in elkaar gaan schuiven. Maar dat schuiven was veel lastiger dan ze dachten, de ruimte ertussen te stil. En met het proberen werd het niet minder maar stiller.

what can I do

Waar zijn we? Waar is ergens anders? Daar, daar of hier?

what am I supposed to do
oh my love

En altijd maar die regen. Help. Op een wegwijzer staat VLEUTEN, ZEVEN KILOMETER. Hij denkt, we moeten een ander dorpje voor elkaar vinden, andere straten, andere huizen. We moeten andere vrienden voor haar gaan uitnodigen. Vrienden die onderwijzer zijn, of werken in de zorg, schaakles geven, tekenaars, schrijvers die thuis kunnen werken. En van gezellig met elkaar eten houden, naar de film gaan of klaverjassen. Hij denkt, zij moet mij helpen vrienden te vinden die het fijn vinden om te staren, bang genoeg zijn om te verdwalen, die van onuitvoerbare plannen maken houden. We moeten een andere man, een andere vrouw voor elkaar bedenken. Voor haar iemand die als hij te zingen staat dan haar schouders masseert en die van boodschappen doen bij Albert Heijn houdt. Die haar nooit zal vergeten, ook niet als hij viool speelt, of als een krekel danst. Iemand die gedichten schrijft voor haar en niet voor een publiek. Zij moet mij helpen een vrouw te vinden die net zoveel als ik van John Lennon houdt en onze kinderen.

Hij doet de radio uit. De motor start. De man rijdt in gedachten naar de kerstbomenmarkt en koopt daar twee kerstbomen.

I can hardly wait
to see you come of age,
but I guess we'll both have to be patient.
And in the meantime,
before you cross the street,
take my hand:
Life is what happens to you
when you're busy making other plans.

John Lennon

Look at me

Rob

'*Maman, regarde! Maman regarde!*' Een jochie van tien die zijn moeder wilde laten zien hoe goed hij kon zwemmen. En dat de godganse dag door, het werkte op m'n zenuwen. Met mijn vader, moeder, broer en zusje stonden we op een camping aan het Gardameer. Het was 1958, een tijd waarin de meeste mensen uit onze straat op vakantie naar Bakkum gingen of naar het Uddelermeer op de Veluwe. Dus was het heel stoer van mijn vader om met zijn gezin in een oude Citroën – zo een met van die brede treeplanken – helemaal naar Italië te rijden. Dat soort auto's was erg geliefd bij de maffia: je kon er in volle vaart zo handig met je machinegeweer op een rivaliserende bende schieten – een geliefde scène in gangsterfilms.

Het wegennet was toentertijd nog lang niet zo gestroomlijnd als nu. Er moest dus veel op borden gekeken worden. En op de kaart. Dat laatste was mijn taak. Ik was veertien en het lukte me niet altijd om tijdig aanwijzingen te geven voor de juiste afslag. Mijn vader was net zo ongeduldig als ik later zou worden, wat niet bijdroeg aan de sfeer in de auto, waar wij met z'n drieën opeengepakt op de achterbank zaten. Ik was altijd opgelucht wanneer we op de plaats van bestemming waren aangekomen.

Na een paar dagen moest mijn vader een week weg om een film op te nemen over de vogeljacht in de heuvels van Noord-Italië. Vanouds werden daar in grote netten zangvogeltjes gevangen op trek naar Afrika; een misselijk gebruik dat nauwelijks vlees opleverde. De vereniging Vogelbescherming wilde dit aan de kaak stellen en had opdracht gegeven om er een film over te maken. Bij het afscheid deed mijn vader iets ongebruikelijks: hij sloeg een arm om me heen en zei: 'Ik weet heus wel dat jij je best doet.' Ik knikte zwijgend en moest snel weglopen omdat de tranen over mijn wangen liepen.

Achteraf gezien geen wonder dat ik me ergerde aan het joch dat de hele dag om aandacht vroeg. Eerlijk gezegd was ik geen haar beter... 'Papa, alsjeblieft kijk naar mij!' Alleen had ik het met veertien al opgegeven en me gehuld in een harnas van afweer en stilzwijgen.

Op zijn eerste solo-album, na het uiteenvallen van The Beatles, gaat John Lennon terug naar zijn kindertijd. Met de berusting die past bij een volwassen man, herhaalt Lennon in 'Look at me!' wat hij als kind zo pijnlijk gevoeld moet hebben. Zijn schreeuw om aandacht zal ongetwijfeld gericht zijn aan zijn moeder Julia, een vrouw die weinig ophad met het moederschap en haar zoon al vroeg uitbesteedde aan haar zuster...Verlaten, verloochend, verloren.

Zelf had ik het geluk een lieve moeder te hebben. Haar liefde sprak vanzelf, geen van ons drieën hoefde te twijfelen of er wel van ons gehouden werd. In plaats van dat te koesteren, waren we de zelfzuchtige monsters die kinderen vaak zijn. 'Ja hoor, de machine komt weer in werking,' riep ze als we voor de zoveelste keer een beroep op haar hadden gedaan. Wij lachten dan alleen maar een beetje schaapachtig; we vonden het normaal dat ze altijd voor ons klaarstond. Nou ja, ook weleens niet. Ik was een keer in een brede sloot gevallen en stond druipend voor de deur. Die was op slot en ik moest hard bonzen om boven het geluid van de stofzuiger uit te komen. Mijn moeder doet de deur open, ziet me staan en roept: 'O nee, dat kan ik er even niet bij hebben!', slaat meteen de deur weer dicht en gaat verder met stofzuigen. Geduldig sta ik uit te druipen, tot ze me na een paar minuten binnenlaat en me helpt om mijn doorweekte kleren uit te trekken.

Mijn vader heeft zijn hele jeugd gedacht dat zijn stiefvader zijn echte vader was. Als kind werd hij constant uitgescholden: 'O, daar hebben we die klootommel weer!' De stiefvader voelde alleen maar minachting voor de zoon die niet van hem was. De diepste vernedering had het lot echter tot het laatst bewaard, tot het moment waarop hij in militaire dienst moest. Alle manschappen staan die eerste dag in gelid op de binnenplaats van de kazerne. Om de beurt worden hun namen afgeroepen en doen ze een stap naar voren. Dan klinkt de naam Chrispijn… Geen reactie. De naam wordt nog een paar keer herhaald, maar niemand reageert. Alle manschappen staan daar in de brandende zon zolang het raadsel niet is opgelost. Dan loopt een sergeant op mijn vader af en snauwt: 'Hé, Chrispijn, waar ben jij mee bezig?!' Niet begrijpend stamelt hij dat hij Drooglever-Fortuin heet, de naam van zijn stiefvader. Voor het oog van alle rekruten blijkt dat hij niet eens weet wie zijn echte vader is! Die moeder van hem had hem nooit verteld dat hij in werkelijkheid Chrispijn heette.

Ik hoorde dat verhaal pas toen ik vijftig was. Had ik het maar eerder geweten. Misschien was onze relatie dan wel beter geweest en had ik me niet zo hard tegen hem hoeven af te zetten. Een ideale vader was hij zeker niet, maar ik troost me met de gedachte hij het er in elk geval heel wat beter heeft afgebracht dan die stiefvader.

De vader van Herman heb ik goed leren kennen toen we met Harlekijn Holland in het voormalige gemeentehuis van Westbroek zaten. In de vroegere kluis hadden we een donkere kamer gebouwd. Heel handig: als je de dikke stalen deur dichttrok kwam er geen sprankje licht meer in. Na het afdrukken van een paar honderd persfoto's had ik het meestal wel gehad; dan was ik opgelucht als ik dat donkere hol even kon ontvluchten. Er waren altijd wel een paar mensen in voor een praatje: Max van Tuyl, Suzanne Melzer en natuurlijk Hermans vader. Die werkte aan het archief maar werd graag gestoord. Ik heb later nooit meer iemand meegemaakt die zo smakelijk over eten kon vertellen. We vonden elkaar in onze verontwaardiging over al het onrecht in de wereld. Ook weidde hij graag uit over zijn socialistische verleden, maar hij kwam pas echt goed op dreef als het over zeebaars of paling ging. De bereidingswijze van paling in 't groen heb ik hem misschien wel tien keer laten vertellen. En elke keer liep het water me in de mond.

Een vriend merkte eens op dat we – ook al zijn we misschien jaloers op iemands succes of fortuin – vreemd genoeg toch nooit in diens schoenen willen staan. Succesvoller dan John Lennon kun je als popartiest nauwelijks wezen. Toch zouden slechts weinigen ook daadwerkelijk John Lennon willen zijn. En heus niet alleen omdat zijn leven veel te jong eindigde. Wat een moeilijk leven heeft deze man gehad! Naast enorme hoogtepunten van artistieke glorie en succes, ook diepe dalen van twijfel en wanhoop. Dat maakt zijn eerste soloplaat juist zo bijzonder. Geen enkele poging om het mooier te maken dan het is. Hij geeft zich bloot, ook in een nummer dat zo lieflijk klinkt als 'Look at me!'

Lennon maakte er geen geheim van dat hij voor of tijdens de opname van deze plaat in therapie was gegaan. Arthur Janov, een Californische psycholoog, had een behandeling ontwikkeld waarmee je via de ademhaling verdrongen herinneringen naar boven kon halen. Volgens hem kon bewustwording van vroege trauma's bijdragen aan het helen van pijn die zich in het lichaam heeft vastgezet. Niet iets waarmee je de handen op elkaar krijgt in een maatschappij die ons aanmoedigt om oud zeer te negeren door altijd flink te zijn. Iemand als de schrijfster Griet Op de Beeck heeft ervaren wat er gebeurt als je wel met je shit naar buiten komt. Ze schreef een boek over het misbruik in haar jeugd en de innerlijke strijd om die verschrikkingen onder ogen te durven zien. Daar is behoorlijk wat moed voor nodig, en het was dan ook beschamend hoe hardhandig ze in tv-interviews werd aangepakt. Smalende commentaren en verdachtmakingen. Griet bleef een toonbeeld van rust en wijsheid. Indrukwekkend!

Dat is Lennon na zijn ontboezemingen op zijn solo-elpee niet overkomen. Geen journalist die dat durfde. Daarvoor had Lennon een veel te grote bek. En misschien ook wel te veel moreel gezag, omdat hij nooit te beroerd was om alle huichelarij in bijtende bewoordingen aan de kaak te stellen.

De plaat begint met het nummer 'Mother', dat eindigt met een wel tien keer herhaalde schreeuw: 'Mama don't go, daddy come home!' Hopelijk heeft deze oerschreeuw zijn innerlijke demonen een beetje kunnen verdrijven. Mij heeft die methode van Janov in elk geval wel geholpen. In de jaren zeventig, toen Annet en ik elkaar nog niet zo lang kenden, zijn we allebei een tijd in therapie geweest. Ik was heel gesloten en had mijn opvoeding kennelijk nog niet van me af kunnen schudden. Een deel van mijn ervaringen uit die tijd kwam terecht in *De Pijnshow*: een serie liedteksten waarvan Herman er later een aantal zong op de dubbel-elpee *Overblijven*. Bij mij begon het harnas intussen langzaam te smelten. Achteraf weet ik niet wat daar meer aan heeft bijgedragen: de therapie of het samenleven met een vrouw als Annet.

En gij, o engeltjes, komt ook hier bij
Zingt een motetteke voor uwen koning
Wilt hem vermaken met uw melodij.
Na, na, na, na, na, na, kindeke teer,
Ei zwijg toch stil, sus, sus! En krijt niet meer.

Midden in de winternacht

Herman

Zie ik een kerk, heb ik tijd, kijk ik even of hij leeg is. Sluip naar binnen, zoek het mooiste plekje waar ik alles kan zien en niet hoef te praten, niet hoef te geloven, niet hoef te vrezen. Ik kan kijken naar de dansende stofjes in het licht. Luisteren naar wat de stilte allemaal te vertellen heeft.

Zit in een kerk van hout op IJsland. Heb het gevoel dat er naar me gekeken wordt. Maria kan het niet zijn. Ah, jij bent het. Op een rooster ligt languit gestrekt een kat? Een poes? Ze kijkt naar mijn wiebelende voet. Uit mijn boodschappentas haal ik mijn Moleskine-notitieboek en schrijf op wat de poes mij te denken geeft.

De man die mij bedacht heeft zat ooit in een kerk, een mensenlege kerk van hout. Niet omdat hij gelovig was of zo. Nee, zijn geloven was zijn zwijgen, en een goede plek om dat te doen, is een kerk. Daar heeft hij mij uitgevonden. Eerst als elf, dat leek hem wel leuk, en toen toch maar niet. Ik werd een kikker, dat wist hij zeker en daarna werd ik omgedacht in die ik nu ben, een poes, een vrouwtjespoes. De man heeft mij vernoemd naar zijn dochter, praktisch. Ik heet Anne, Anne de poes. Toen hij dat eenmaal had beslist ging het snel met het bedenken.

Na mijn naam kreeg ik een lijf, een soepel, rossig lijf met een handige staart met aan het einde een wit puntje, zo wit als mijn poezenpootjes. Ik kreeg een stem om te miauwen en te blazen met een automatische spinner. Ook bedacht hij een zacht, vochtig neusje, zo'n neusje voor de zalm. En groene ogen die lichten in het donker. In zijn hoofd groeide een poes die krabt en kopjes geeft, in gordijnen klimt, van de treden van de trappen springt, die spint en kroelt, miauwt en jankt, snurkt als een kerel en vliegen vangt. Die met zijn staart glaasjes, bloemenvaasjes achteloos van tafels veegt. Hij bedacht voor mij een poepertje, een wonderpoezenpoepertje, zo eentje die je nooit hoeft af te vegen. Ik kreeg een tongetje, nog handiger dan handen, een tongetje als schuurpapier van vlees.

Wilt u weten waar ik van hou? Van muizen, melk en visjes, ook wel van kattenbrokjes als er niets anders is. En muziek. Het liefste hoor ik Franse liedjes of dansmuziekjes. Van spinnen op een warme schoot, vooral die van dat vrouwtje, het liefste vrouwtje van de wereld. Zij heet Lisa, vernoemd naar een poes die mijn bedenker ooit had.

Ik hou van spelen met mieren en op vliegen jagen. En het allerleukste vind ik het achter mijn staart aan rennen om hem te vangen. Waar ik niet van hou zijn honden en katers. Waar ik niet van hou is water en onweer. Waar ik niet van hou is van Kerstmis, sorry dat ik even huil, en juten zakken. Juten zakken? Wilt u me nu vragen waarom? Ik vertel het niet graag.

Ik ben geboren op een schip dat aangemeerd lag aan een oude gracht, in wat ooit een Romeinse stad was midden in een klein land dat Nederland heet, omdat het grootste gedeelte van dat land lager ligt dan de zee, lager dan het zand. Die zee heet de Noordzee. De meeste mensen wonen daar achter handige dijken, lage dijken voor de zomer, hoge voor de winter, maar die zijn niet zo hoog als de wolken die daar meestal drijven. Mensen lopen niet op klompen, eten niet alleen maar kaas, hebben, op een uitzondering na, een hekel aan tulpen. Het land heeft een koning en een koningin met een nest vol prinsesjes. En een volkslied.

De helft van de mensen gelooft in God, de andere niet. De helft van de mensen schrijft met rechts, de andere helft denkt links. In de steden wonen confettimensen, ze komen overal vandaan, uit de hele wereld. Op het platteland is dat wat anders. Daar wonen vooral die met blauwe ogen. Over het weer wil ik het verder niet hebben.

Stille nacht, heilige nacht,
alles slaapt, sluimert zacht.

Goed, het was kerstavond. Mijn moeder lag in een mandje in de hoek van een kombuis, dat is een keuken op een boot. Mama had haar buik vol poesjes, één ervan was ik, en al zover af dat ik in de verte kerstliedjes kon horen.

stille nacht
heilige nacht
alles slaapt
sluimert zacht

Toen begon het te gebeuren, alles om mij heen rommelde en rammelde, iets drukte mij weg, stevig weg van waar ik lag, stukje bij beetje, verder en verder totdat…

Ik was nog niet uit haar buik of mijn moeder begon me met haar scherpe tanden te bijten. Beet ze een slangetje door dat aan mij en aan haar vastzat. Gelukkig deed dat geen pijn. Nu weet ik dat dat mijn navelstreng was waardoor ik in haar buik lucht en eten kreeg. Maar toen wist ik nog van niets. Niets van binnenuit smullen of van buitenaf zuigen.

Ik had twee zusjes en één broertje, zonder namen. En allemaal waren we blind, we zagen geen poot voor onze ogen.

Nadat mama ons met haar tong gewassen had drukte ze ons zacht tegen haar tepels en daarin zat de zoetste melk die ik ooit gesabbeld heb, mmmm. De eerste dagen van mijn leven kon ik alleen maar horen, het spinnen van mijn moeder, de geluidjes van mijn broertje en mijn zusjes, het klotsen van het water tegen de boeg van het schip, de klokken van de Dom, het overkoken van de melk, een fluitketel, de stemmen van de schippersvrouw en schipper, hun twee kinderen Siem en Tom. 'Niet aanraken, niet aanraken,' zei de schippersvrouw steeds weer tegen haar kinderen. 'Als je ze aanraakt wil de moeder ze niet meer hebben.' Wat een onzin dacht ik dan, hoe durf je dat te zeggen van mijn moeder. En een radio. Op een dag hoorde ik boze stemmen, de schipper riep: 'Eén kat aan boord is toch zat? Wat moeten we met vijf katten? Eén is toch genoeg voor die paar ratten?'

Dat klonk niet goed. Mijn moeder kromp ineen en miauwde zacht. 'Ja, maar de kinderen,' riep de schippersvrouw, 'de kinderen vinden ze zo zoet.' 'Mens, het blijven niet van die schattige poesjes, het worden beesten, echte beesten die niet ophouden beesten te maken. Als we ze niet wegdoen zijn we straks vergeven van de katten.' 'We kunnen ze toch verkopen of aan iemand geven?' 'Hou op', bromde de schipper, 'doe niet zo kleinzielig.'

Het eerste wat ik in mijn leven zag was een vuist, een schippersvuist die me vastgreep en in een juten zak stopte, daar lag ik in het pikkedonker met mijn broertje en mijn zusjes en... wat was dat? Dat harde, dat vierkante? Een baksteen, vlak nadat ik voor het eerst het licht zag. Op de radio zong...

Engelkens door 't luchtruim zwevend
Zongen zo blij zo wonderzacht
Van de Heer van dood en leven
Die er vrede op aarde bracht
Gloria in excelsis Deo
Gloria in excelsis Deo

Zongen zo blij zo wonderklare
Van 't zoete kindeke, onze Heer
En de herderkens die er waren
Knielden bij de kribbe neer
Gloria in excelsis Deo
Gloria in excelsis Deo

We werden opgetild en zwaaiden met zak en steen en al door de lucht en vielen in, nee, op een deur. Een deur, zo zou ik later snappen, een voorbijdrijvende deur op het water. 'Sorry,' hoorde ik de schipper nog roepen. Daar zaten we in het donker van de zak te wachten op wat er ging gebeuren.

Trippel, trippel, trippel hoorde ik en daarna iets knagen. Zag twee grote tanden van een rat en nog een, en nog een, en nog een rat. Voordat ik het in de gaten had was mijn broertje verdwenen en zag ik dat er al een andere rat aan mijn zusje zat te knagen. Een bonk, een dreun, de deur stootte tegen de waterkant. Geblaf, waf, waf, waf. En in een mum waren de ratten verdwenen, zat ik daar met een halfzusje en nog een hele maar in één hap waren ook zij verdwenen. Ik miauwde, help, help, help. Grote tanden kwamen op mij af. Er schreeuwde een stem: 'Zit, blijf, af.' Weer werd het stil. En toen, maar eventjes later, werd ik door twee handen opgetild en hoorde ik toen iemand zeggen: 'Stil maar, stil maar, poesje, jou kan niets meer gebeuren. Jij bent nu van mij.' Later zou ik gaan begrijpen dat dat de stem van juffrouw Lisa was, de vrouw van de man die mij bedacht.

De poes?, de kat? op het rooster in de kerk strekt zich uit en gaapt, staat op en loopt door het middenpad de kerk uit. Ik kijk haar, hem na en roep bedankt en sla mijn notitieboek dicht.

Buiten is het al donker. Op IJsland is dat vroeg. Loop door verlichte winkelstraten. Heb het gevoel dat er naar me wordt gekeken. De poes, de kat kan het niet zijn. Het is Leonard Cohen. Met een glimlach staat hij op een foto in een etalage zijn nieuwe album aan te prijzen.

Met oud en nieuw zijn we thuis, mijn echte vrouw en ik. Heb een fles champagne uit de kelder gehaald en op het aanrecht klaargezet. Gaëtane, zo heet zij, loopt voor het knallen een rondje met de honden. Ik zet de nieuwe cd van Leonard Cohen op, pak daarna mijn telefoon om hem op te laden voor het nieuwe jaar. Doe voor de klok de tv aan op *mute*. De kaarsen op de eettafel flakkeren aan het einde van hun Latijn. Ik dans om alles in mijn eentje door de keuken.

A sip of wine, a cigarette
And then it's time to go
I tidied up the kitchenette
I tuned the old banjo
I'm wanted at the traffic jam
They're saving me a seat
I'm what I am, and what I am
Is back on Boogie Street

O crown of light, o darkened one
I never thought we'd meet
You kiss my lips, and then it's done
I'm back on Boogie Street

Leonard Cohen

Dance me to the end of love

Rob

Veel levens gaan uit als een nachtkaars. Met de afname van lichaamsfuncties doven gewoonlijk ook de sociale contacten langzaam uit – geen verheugend vooruitzicht. Als een keer het omgekeerde plaats lijkt te vinden, willen we ons daar maar al te graag mee vereenzelvigen. Geen wonder dat er zo lang en enthousiast geapplaudisseerd werd toen Leonard Cohen het podium betrad van Rotterdam Ahoy. Niet alleen gunden alle aanwezigen deze man alsnog de liefde en waardering die hij vroeger tekort was gekomen, iedereen zou zijn leven wel willen eindigen met zulk vuurwerk: op je vijfenzeventigste mooiere concerten geven voor een veel groter publiek dan ooit tevoren!

Nadat een paar jaar daarvoor bleek dat zijn manager – en minnares – hem al zijn geld afhandig had gemaakt, zat er niets anders op dan weer te gaan toeren. Een van die concerten vond plaats op het terrein van de Westergasfabriek in Amsterdam. Volgens mensen die ik sprak, was dit het mooiste concert dat ze ooit hadden bijgewoond. Toe maar! Op die zondagmiddag bestond een deel van het publiek uit voorbijgangers die waren neergestreken op een voormalige spoordijk. Van daaruit had je goed zicht op het toneel. Met de avondzon in de rug hoorden ze Leonard 'Halleluja' zingen... tja, daar kan niks tegenop natuurlijk. Echt jaloers was ik, altijd een wat sneue emotie, waar ik goddank verder weinig last van heb.

Gelukkig kwam die herkansing in Rotterdam Ahoy. Jammer, geen avondzon, maar een afgrijselijk lelijke hal, met zevenduizend man helemaal uitverkocht. Dat waren er zeker zesduizend te veel. 'Niet zeuren,' zei een vriendin die de kaartjes had geregeld. Dus dat deed ik dan maar niet. Op het moment dat we op onze plek zaten, viel de ergernis over files en te weinig parkeermogelijkheden compleet van me af. Toen Cohen het toneel op liep, stond ik zonder nadenken op, samen met al die andere enthousiaste fans. Staande ovatie, die zo lang duurde dat we ontroerd raakten van onze eigen ontroering. Hier werd hulde gebracht, hulde aan een man die ons zo vaak had geraakt, die door zijn woorden de wereld meer diepte had gegeven, meer luister, meer schoonheid. Een man die zichtbaar in verlegenheid werd gebracht, omdat we maar bleven klappen. Het werd het op een na mooiste concert dat er in ons land te zien is geweest.

Leonard Cohen leefde voor zijn werk dat, net als zijn leven, gedomineerd werd door God, seks en depressies. Hij maakte naam met het nummer Suzanne, ook in Nederland niet onbekend... Naar eigen zeggen was zijn verlangen naar vrouwen altijd veel intenser dan de voldoening van het samenleven. Niet bepaald een recept voor een makkelijk leven. Vaak koos hij voor de eenzaamheid van een hotelkamer, waar hij soms over de grond kroop van ellende wanneer het dagenlang niet lukte om ook maar één letter op papier te krijgen. Cohen legde de lat heel hoog voor zichzelf, hij schreef veel maar gooide nog meer weg. Met de kladversies van 'Halleluja' heeft hij vele aantekenboekjes volgeschreven. Uiteindelijk destilleerde hij daar tachtig coupletten uit, waarvan er maar een stuk of acht in het lied terechtkwamen.

In een interview zei hij over schrijven als ambacht: 'Jezelf belangrijk voelen én goed schrijven gaan niet samen.' Ook benadrukte hij dat het schrijfproces vooral een kwestie is van je eigen schaamte overwinnen. Vaak wekt zijn werk de indruk dat hem dat gelukt is. Een meer poëtisch antwoord op de vraag hóe hij schrijft, is het volgende citaat: ‘Ik vermijd de steen der wijzen, ik begraaf mijn vriendin, en maak mijn eigen persoonlijkheid onzichtbaar. Dan kan ik zo vaak als ik wil in de eerste persoon enkelvoud schrijven zonder mijn hang naar bescheidenheid in de weg te zitten. Daarna geef ik me over en wacht...’

‘Dance me to the end of love’ vond zijn oorsprong in een artikel over een orkest van gevangenen in een concentratiekamp, die gedwongen werden om te spelen terwijl hun medegevangenen naar de gaskamers werden geleid. Veel luisteraars horen er een loflied op de liefde in. Het is dan ook een populair nummer op bruiloften en partijen – in schril contrast met de oorsprong van dit lied, een vreemde speling van het lot, iets wat aan iemand als Leonard Cohen wel besteed is.

In de loop van zijn carrière maakte hij steeds vaker gebruik van achtergrondzangeressen. Zijn zware, sonore – volgens sommigen monotone – stem krijgt extra diepte door de zangeressen, die als het ware zijn stem in een bedje van warmte en tederheid leggen. Een van de hoogtepunten van deze samenwerking is ‘Dance me to the end of love’. Vooral zoals te beluisteren is op de live-opnames in zijn latere periode. Er schijnen mensen te zijn die een hekel hebben aan dat vele ‘lalala’. Als het echter gezongen wordt door de heerlijke zangeressen die Cohen om zich heen wist te verzamelen, kan ik het niet vaak genoeg horen... 'Show me slowly what I only know the limits of, and dance me to the end of love'.

Iedereen die zich enigszins verdiept in het werk van Leonard Cohen, zal getroffen worden door de intensiteit en gelaagdheid van zijn teksten. Denk alleen al aan een zin als: 'There's a crack, a crack in everything, that's how the light gets in.' Ofwel: 'Er zit een barst in elk ding, zo komt het licht erin.' Toegegeven, beslist minder dan het origineel, maar zelfs die zin zou ik graag bedacht willen hebben.

Bij zulke overdonderende teksten raakt zijn capaciteit als componist een beetje op de achtergrond. Toch is het mede dankzij zijn muziek dat veel liedjes in ons geheugen staan gegrift. Als jongeman – hij kan dan al een beetje gitaar spelen, maar niet meer dan een paar akkoorden – komt hij in een park in Montreal een Spaanse gitarist tegen. De Spanjaard leert hem een akkoorden-progressie uit de flamenco-muziek en eveneens hoe je de daarbij behorende tremolo moet spelen. Als Leonard in het park vergeefs heeft zitten wachten op zijn vierde gitaarles, gaat hij naar het adres waar de Spanjaard woont en hoort van de hospita dat hij zelfmoord heeft gepleegd. Cohen is deze man altijd dankbaar gebleven; veel van zijn latere nummers zijn gebaseerd op wat hij ooit van deze raadselachtige muzikant heeft geleerd.

Een lied waarin de flamenco-invloeden duidelijk hoorbaar zijn, is 'Who by fire'. Tijdens zijn laatste wereldtournee liet hij een flamenco-gitarist in zijn begeleidingsband een schitterende intro van dit nummer spelen. 'Who by fire' bestaat uit een opsomming van doodsoorzaken. Dankzij de poëtische kwaliteiten klinkt dit lied minder morbide dan je zou denken. De energieke flamenco-intro en de intermezzo's zorgen zelfs voor een soort weemoed, waaruit de aanvaarding spreekt dat de dood nu eenmaal bij het leven hoort – met steeds weer die grimmige slotzin: 'Who can I say is calling?'

De ouderdom is volgens Cohen het beste wat hem ooit is overkomen. Misschien kon hij dat pas zeggen nadat hij eerst zes jaar in een zenklooster had doorgebracht, ergens op een winderige, kale berg in Californië. Daar zocht hij toevlucht toen hij het leven van eindeloos toeren, eenzame hotelkamers en te veel drank helemaal zat was. De abt van het klooster was Sasaki Roshi, die als stelregel had: vernietig het persoonlijke, en het absolute verschijnt. Met het 'absolute' bedoelde hij waarschijnlijk een staat van zijn die niet langer wordt gedomineerd door een eindeloze stroom gedachten en de fixatie op eigen glorie en comfort. Hoewel hij zich onderwierp aan een streng regime van lange meditatiesessies, had Cohen bij zijn leraar bedongen dat er een Casio-synthesizer op zijn kamer mocht staan. Zo kon hij in zijn schaarse vrije uren toch doorgaan met componeren. Toen hij het klooster na zes jaar vaarwel zei, had hij tweehonderdvijftig nummers en gedichten geschreven, in verschillende stadia van voltooiing.

Eenmaal terug in zijn eigen huis in Los Angeles werkte hij aan de keukentafel een aantal van die nummers uit, samen met Sharon Robinson, een van zijn voormalige achtergrondzangeressen. Sharon componeerde de muziek voor een aantal nummers en deed tevens de productie van wat uiteindelijk *Ten new songs* zou gaan heten. Waarom hij koos voor zo'n slappe titel in plaats van *Back to Boogie Street*, de oorspronkelijke werktitel, is een raadsel – zoals wel meer in het leven van Cohen. De eerste keer dat ik *Ten new songs* opzette, heb ik het eten laten aanbranden, zo geconcentreerd had ik zitten luisteren. Ongelooflijk dat het hem was gelukt om woorden te vinden voor transcendente ervaringen waar voorheen geen woorden voor waren – als een echo van wat hij in het zenklooster had ervaren. Wars van enige hoogdravendheid, en verbonden met het leven van alledag.

Tussen de opnames van zijn nieuwe plaat door vloog hij naar India om een leraar te bezoeken wiens boek hem erg had geraakt.

In simpele bewoordingen kreeg hij aanwijzingen die eigenlijk weinig verschilden van wat hij in het zenklooster had geleerd, maar waardoor er iets gebeurde dat hij totaal niet had voorzien. Op een ochtend wordt hij wakker in zijn hotelkamer met het vreemde gevoel dat er iets fundamenteels verschoven is... Dan dringt het langzaam tot hem door dat het onderliggende, loodzware gevoel van neerslachtigheid ineens is verdwenen – om nooit meer terug te keren. Hij voelt zich bevrijd van een zware last en kan daarna met volle overtuiging zeggen dat ouderdom het beste is wat hem ooit is overkomen.

vandaag ben ik zo vrolijk
zo vrolijk
zo vrolijk
vandaag ben ik zo vrolijk
zo vrolijk
was ik nooit

De woorden weer gevonden

Herman

Lees dat zeventigplussers de neiging hebben hun jeugd meer naar voren te halen. Aldus de Groningse hoogleraar Douwe Draaisma. Herinneringen uit hun jonge jaren worden belangrijker ten opzichte van de middelbare leeftijd: 'Vraag ouderen naar hun meest intense levenservaring, naar de beste film die ze zagen, het mooiste liedje dat ze kennen en ze komen vaak uit die periode.' Als zich in die leeftijdsfase dan ook nog een aangrijpende gebeurtenis voordoet, zal de strekking daarvan de tand des tijds goed doorstaan.

Toch kunnen herinneringen uit de vroege kinderjaren vervormd zijn geraakt doordat de beelden, geluiden, geuren en emoties altijd door de mangel van de taal moeten. Jonge kinderen hebben een beperkte woordenschat of slaan gebeurtenissen zelfs alleen nog maar op in beelden, daar moeten zij later zelf de woorden bij vinden. Daar komt bij dat kinderen de neiging hebben om de wereld te ordenen vanuit de blik van de ouders.

Elke keer dat we een herinnering ophalen verandert die. Dit is omdat we met anderen praten over wat we meemaken, erover lezen, dingen horen en die informatie toevoegen. We zijn slecht in staat om onze bronnen uit elkaar te houden, we weten na verloop van tijd niet meer goed welke gegevens waar vandaan komen. We hebben de illusie dat we putten uit ons geheugen, maar dit is vaak niet zo, dat doen we niet met opzet, het gebeurt onbewust.

We denken vaak ten onrechte dat herinneringen alleen maar met het verleden te maken hebben maar de emoties van nu bepalen mede hoe je aan dingen terugdenkt. Wie depressief is bijvoorbeeld maakt ongemerkt een andere selectie dan wie vrolijk is.

Vandaag ben ik vrolijk. De dokter schreef me zojuist in een mail dat ik na het laatst gedane onderzoek als het ware vijfentwintig jaar kan bijschrijven. De kans bestaat dus dat ik door mag leven zoals ik leef, met mijn lieven, het werk en de tuin. Volgend jaar word ik vijfenzeventig, besluit nu dat ik dat ongegeneerd ga vieren met alles drum und dran. Lees de mail nog maar eens voor ik hem onder het bidprentje van Franka leg als te bewaren post voor later. Als ik weer achter mijn bureau wil gaan zitten valt mijn oog op een rol papier waaromheen een rood gestrikt lint.

Zie mijzelf aan een lange tafel achter een taart vol spetterende lichtsterretjes zitten, omringd door de hele familie. Mijn vader tikt op zijn wijnglas, heel het Disneyrestaurant wordt even stil. Papa leest als een heraut van een perkamenten rol: 'Zoon, vandaag ben je vijftig jaar geworden. Je meldde je 's morgens in de nacht van 14 maart 1945. Er was geen vervoer, alleen een fiets zonder licht en massieve banden, een tas aan het stuur met lakens en slopen. Plotseling een stem uit het duister: "Halt, was ist los?"' En even later: 'Er kwam Zweeds brood uit de lucht vallen en voedseldroppingen. Het werd iets beter.' En tot slot, na een slok: 'Herman, dat was het dan. Je hebt waargemaakt waar je voor stond. Alles is voor minstens negentig procent gelukt. Groot in kleine dingen, klein in grote dingen. We zijn trots op je maar ook op de rest van de familie. Hoi en veel liefs van papa en mama.'

Knoop de strik er weer omheen, zet een cd van Bowie op en dans zoals toen op Cohen.

I'm not a prophet or a stone-age man
Just a mortal with the potential of a superman
I'm living on
I'm tethered to the logic of Homo Sapiens
Can't take my eyes of the great salvation
of bullshit faith
If I don't explain what you ought to know
You can tell all about it on the next Bardo
I'm sinking in the quicksand of my thought
And I ain't got the power anymore

Don't believe in yourself
Don't deceive with belief
Knowledge comes with death release

David Bowie

Let's dance

Rob

Zijn leven lang onttrok David Bowie zich aan alle kaders en begrenzingen. Hij droeg vrouwenkleren, gebruikte make-up, was verslaafd aan drugs, had een boeddhistische leraar, vermomde zich een tijdje als een typisch Britse aristocraat en etaleerde zich een paar jaar als biseksueel. Op eenduidigheid kun je Bowie niet betrappen. Dat geldt ook voor 'Let's dance': de openingszin klinkt niet echt uitnodigend, meer als een bevel. Toch volgt een paar regels verderop in het lied het lyrische: 'If you should fall into my arms and tremble like a flower', wat die tekst in een net wat ander perspectief plaatst.

Bowie kreeg bekendheid met het nummer 'Space Oddity', bijna vijftig jaar geleden toen er twee mannen naar de maan vlogen. Ik heb het altijd een aangrijpend lied gevonden met de steeds terugkerende regel 'Ground Control to Major Tom'. Door de manier waarop Bowie dit zingt, vermoed je al dat het niet goed kan aflopen. Dat klopt: aan het eind van het lied is radiocontact met Major Tom niet meer mogelijk en blijft hij moederziel alleen achter in de onmetelijke ruimte.

In de tijd van de maanlanding en de Apollo-vluchten raakte ik net als Herman geboeid door sciencefiction, met een zwak voor de schrijver Jack Vance. Hoogtepunt van diens werk is de vierdelige reeks over de geheimzinnige planeet Tschai, bevolkt door wezens afkomstig van verschillende planeten, die zowel geestelijk als fysiek weinig met elkaar gemeen hebben. Ik herinner me de Wankh en de Pnume, geen types die je op een donkere nacht wilt tegenkomen. Het goeie van Vance is dat hij erin is geslaagd om elk van die wezens niet-menselijke emoties mee te geven, waardoor ze heel anders reageren en handelen dan een mens zou doen. Dit in tegenstelling tot nogal wat huidige sf-series op tv, waar buitenaardse wezens weliswaar ogen als schoteltjes hebben en een kop als een bidsprinkhaan, maar behept zijn met gevoelens als trouw, razernij en broeddrift en daardoor niet wezenlijk verschillen van wat zich aan drama in een gemiddelde soap voordoet.

Nee, dan Tschai... De hoofdpersoon heeft als enige de inslag overleefd van een aards ruimteschip dat zich diep in de bodem van Tschai heeft geboord. Hoofdpersoon Adam Reith is vier boeken lang op zoek naar een ruimteschip dat hem terug naar de aarde kan brengen. Ondertussen moet hij zich in leven zien te houden te midden van deze vreemde mix van buitenaardse wezens.

Dat lukt hem alleen door hun manier van denken te leren begrijpen en zich hun gebruiken eigen te maken. Met een beetje overdrijving zou je kunnen zeggen dat we ooit allemaal door een dergelijke fase van aanpassing zijn gegaan: een intensieve training waarin we als baby moesten leren om de reuzen om ons heen gunstig te stemmen en hun bedoelingen te begrijpen. Tot je hun gedrag zo veel mogelijk hebt gekopieerd en een van hen bent geworden.

Veel van wat Bowie schreef had een soortgelijke verschuiving van perspectief. Dat geldt zeker voor een van mijn favoriete nummers, 'Is there life on Mars?' – een wonderlijke opsomming van tegendraadse gebeurtenissen, je kan ook zeggen dat er geen touw aan vast te knopen is, net naargelang je stemming. Maar de menselijke geest beschikt over een fabelachtig vermogen om verbanden te ontdekken tussen volkomen willekeurige zinnen. Ik kreeg laatst een boekje van Ronald Snijders. Wekelijks schreef Snijders voor *Het Parool* zogeheten kopdichten, bestaande uit allerlei krantenkoppen van de week ervoor. Het verrassende was dat het resultaat vaak interessanter is dan het werk van menig beroepsdichter. Hij bleef net zo lang schuiven met een aantal uitgeknipte krantenkoppen tot het geheel bijeen werd gehouden door een soort emotionele logica. Bowie doet in zijn liedteksten vaak iets soortgelijks, wat zijn werk iets ongrijpbaars geeft.

De nummers op *Black Star* zijn de weerslag van een aangekondigde dood: David Robert Jones – zoals Bowie eigenlijk heette – is tijdens de opname ervan al terminaal ziek. In zijn testament staat dat hij op boeddhistische wijze gecremeerd wil worden op het eiland Bali. Daar is het nooit van gekomen. Misschien zag hij er op het laatste moment ook weer van af: te veel gedoe voor de nabestaanden. Bowie belichaamde voor mij een 'goddeloos geloof', zoals Stef Bos dat in zijn lied over zijn vader zo mooi heeft genoemd. Het zou mooi zijn als zo'n geloof kon helpen om zonder al te veel weerstand op te kunnen lossen in de eeuwigheid, als een druppel die terugvalt in de oceaan.

Er zijn mensen die, wanneer ze horen dat hun tijd gekomen is, zich ogenschijnlijk gemakkelijk over kunnen geven aan hun lot. Anderen zijn zo druk bezig om hun eigen begrafenis te regisseren, dat ze daar niet erg aan toe lijken te komen. In plaats van alles los te laten – wat mij toch de essentie van doodgaan lijkt – houden ze vast aan de illusie van controle. Natuurlijk moet ik nog maar afwachten hoe ik het er zelf van af zal brengen.

Na afloop van een presentatie op De Palz hadden Herman en ik het een paar jaar terug opeens over de dood. De aanleiding zal wel het wegvallen van wederzijdse vrienden en kennissen zijn geweest. Het kwam erop neer dat we er allebei behoorlijk tegen opzien. Vooral omdat we naarmate we ouder worden het leven alleen maar leuker zijn gaan vinden. Maar behalve de weerzin om dit leven te verlaten, is er ook de angst voor een pijnlijk einde om daarna op te lossen in het niets, of misschien wel eindeloos te moeten ronddolen in de ruimte, zoals kosmonaut Major Tom... Alles wat je erover kan zeggen, is speculatie. Wat echter vaststaat is dat het een zegen zou zijn om het onbekende zonder angst tegemoet te kunnen treden. Dat zou pas echt bevrijding betekenen!

Op de grote stille heide
Dwaalt een herder eenzaam rond
Wijl zijn witgewolde kudde
Trouw bewaakt wordt door zijn hond
En al dwalend ginds en her
Denkt de herder; 'Och hoe ver
Hoe ver is mijn heide
Hoever is mijn heide, mijn heide'.

Ode

Herman

Mijn opa zong in plaats van *heide* altijd *Heiland*. Geloof me, die Heiland gaat echt niets doen.

In Noord-Amerika zijn in een halve eeuw tijd drie miljard vogels verdwenen. De afname is vooral zichtbaar bij veelvoorkomende soorten als de mus en de lijster. Wetenschappers waarschuwen, want ook in Europa en Afrika daalt de vogelstand razendsnel.

Wetenschappers beschouwen vogels als een belangrijke graadmeter van hoe het met ecosystemen gesteld is. De dieren spelen een belangrijke biologische rol, bijvoorbeeld door het verspreiden van boomzaden en het voorkómen van insectenplagen. 'Vogels zijn de kanaries in de ecologische kolenmijn,' vertelt Adriaan Dokter aan de telefoon, een van de wetenschappers die de nieuwe studie uitvoerden. De onderzoeker van de Amerikaanse Cornell University noemt de uitkomsten dan ook uiterst zorgwekkend.

Ook de dooi van de permafrost gaat rap. Het poolgebied warmt ongeveer twee keer zo snel op als de rest van de wereld omdat op een opwarmende planeet de koudste plekken nu eenmaal sneller warmer worden en het verdwijnende witte zee-ijs de zon niet meer goed weerkaatst. Wetenschappers, zo lees ik, schatten dat permafrost deze eeuw tweehonderdzestig tot driehonderd miljard ton koolstof kan uitstoten. Genoeg om de temperatuur nog verder te laten stijgen, al is niet helemaal duidelijk hoeveel. Ze noemen het wel een tikkende koolstofbom.

Nergens is dat beter te zien dan in het oude Rusland. Meer dan de helft van dat enorme gebied rust op permafrost, permanent bevroren grond die bestaat uit een mix van ijs, sedimenten en aarde. Die laag is door de huidige opwarming flink aan het ontdooien. Dat gaat de laatste tijd zo snel dat hele steden aan het drijven zijn geraakt. Jules Verne had dat al gefantaseerd.

De wetenschapper Nikita Zimov denkt een manier gevonden te hebben dit noodlottige klimaatverschijnsel met wereldwijde gevolgen te lijf te kunnen gaan.

Om de permafrost te beschermen wil hij het ecosysteem van het pleistoceen terugbrengen. Hij zegt dat de oorzaak van de klimaatverandering daar, de komst van de mens naar Siberië was. Hij ziet onze soort als het gevaarlijkste roofdier op de steppe, hoe verder die denkende aap oprukte, des te dodelijker de consequenties. De daling van het aantal mammoeten en andere herbivoren door jagers was de genadeslag voor de graslanden. Dieren zijn immers belangrijk voor de bemesting van de grond zodat er snel nieuw gras kan groeien en door de mossen en de jonge boompjes te vertrappen hielden de dieren het bos op afstand. Hij vertelt van kinderen op kleuterscholen die aan hun onderwijzers vragen waar de dieren wonen en die dan te horen krijgen, in het bos. Maar dat is waar de dieren schuilen. Kinderen zou verteld moeten worden dat dieren wereldwijd het liefst op graslanden leven. Daarom brengt hij nu grote grazers terug zoals jaks, bizons en wilde paarden. Ook droomt hij ervan in synthetische baarmoeders mammoets te kweken. Zijn idee is om meerdere parken op te zetten en die op termijn met elkaar te verbinden, ruimte zat in Siberië. Het moet daar weer een groene steppe worden, gras reflecteert zonlicht beter dan donkere bossen. De warmte van de zon dringt dan minder diep door in de grond en dus blijft de permafrost koeler in de zomer. Grote grazers zorgen ervoor dat de permafrost in de winter veel dieper bevriest. Door naar gras te zoeken stampen ze de sneeuw plat die als een vacht functioneert voor de permafrost. Is de sneeuwlaag dik dan blijft de permafrost relatief warm in de winter. Is de laag dun dan bevriest het dieper door de extreme kou.

Ik vouw de krant dicht en bel een levenslange vriendin en vertel haar enthousiast over wat ik zojuist in *de Volkskrant* las. We babbelen lang over hoe het een samenhangt met het ander. Over hoe alles afhankelijk is en leeft van elkaar. Rivieren, zeeën verbinden in plaats van begrenzen. Grenzen van muren of prikkeldraad die desastreus zijn, letterlijk voor het reilen en zeilen van alles wat kruipt, schuifelt, rent, schrijft of loopt. Er wordt gebeld. 'Sorry, tot morgen,' zeg ik. 'Tot morgen,' zegt ze.

Sta samen met dichters, dansers, zangers, muzikanten, acrobaten en theatertechnici in theater Carré bloemen te krijgen van een jarige prinses terwijl een koning uit volle borst voor haar een 'Lang zal ze leven' inzet.

Lees de volgende morgen op *levendetuin.nl* dat televisie-groenspecialist Lodewijk Hoekstra ook in Carré was. 'Afgelopen maandag mocht ik aanwezig zijn op een hele mooie avond in Carré. Ter ere van prinses Irene haar tachtigste verjaardag brachten tal van musici en andere artiesten een ode aan de natuur. Dit is het thema waardoor ze al zo lang wordt geïnspireerd. Centraal op de avond de verbondenheid van al het leven en het bewustzijn van de mensen. Vroeger werd onze prinses nog weleens weggezet als bomenknuffelaar, waarschijnlijk omdat we als maatschappij zo ver van de natuur afstaan en we niet zo goed weten hoe met iemand om te gaan die zo liefdevol over bomen en natuur praat. Tegenwoordig wordt ze juist geprezen om haar missie en visie waarbij kinderen een speciale plek krijgen, want als alles begint bij bewustzijn moet je er vroeg bij zijn.'

Mijn maatje Claudia de Breij zei het gisterenavond in Carré treffend: 'Ironie, sarcasme, cynisme, Irene.'

'Terwijl Jonathan Franzen in *The New Yorker* betoogde dat de klimaatapocalyps niet langer te voorkomen is en we ons maar moeten neerleggen bij allerlei vreselijks dat met een beetje mazzel voor hem pas na zijn dood zal gebeuren, sprak de 16-jarige Greta Thunberg een Amerikaanse Senaatscommissie toe. "Bespaar ons jullie loftuitingen," zei ze. "Wíj willen niet gehoord worden. We willen dat de wetenschap gehoord wordt." Waar Franzen wanhoopt over een wereld die niet in beweging te krijgen is, begint Thunberg er zelf maar aan te morrelen. Ze is inmiddels George Soros ruimschoots gepasseerd als favoriet haatobject van akelig rechts,' schrijft Sander Donkers in *de Volkskrant*. "Mensen worden zenuwachtig van haar, wat erop duidt dat ze iets goed doet. Terwijl ze schamperen over dat zorgelijke snoetje, vrezen ze in werkelijkheid een toekomst vol jongeren die niet langer met de pootjes omhoog gaan liggen wachten op ellende. Ik hoop dat die toekomst snel aanbreekt en dat Jonathan Franzen hem ook nog meemaakt.'

Lang leve de heide.

De rij boomen (hoog, schraal en scheef) aan den weg naar Abcou bij de Bijlmer Ringsloot plotseling gekapt. (God zal ze eeuwig gloeiend, nakend in de hel sansodemirakelen.)
Weer dat wonderlijke donkere licht bij de grond.
De laatste boer op klompen stond daar als een zwarte schim die zich oploste ...
Het torentje van Vreeland van de brug gezien in de diepte en verte of 't Zuid Limburg was.

Nescio

De Lage Landen

Rob

Met enige overdrijving kun je zeggen dat de boeren meer dan vijfhonderd jaar hebben bijgedragen aan de diversiteit van ons land, en dat ze die in de laatste vijftig jaar weer teniet hebben gedaan. Wat is ons land sinds mijn kindertijd ongelooflijk saai geworden! En niet alleen Nederland. Annet en ik hebben nogal wat vakanties doorgebracht in het binnenland van Spanje en als we na een maand of wat op de terugweg waren, was het altijd weer een schok om voorbij Orléans de Noordwest-Europese laagvlakte binnen te rijden. De eindeloze graanvlakten van Noord-Frankrijk en de hardgroene weilanden van de Benelux dienen maar één doel: zo hoog mogelijke productie tegen zo laag mogelijke kosten. Vlak na de oorlog noodzakelijk om de bevolking te kunnen voeden, maar zeventig jaar later een achterhaald systeem dat het landschap ontdaan heeft van alle vreugde en elke franje.

De familie van mijn moeder kwam oorspronkelijk uit de Achterhoek. Daar woonden nog neven en nichten van haar op landgoed De Wildenborch, waar zij een boerderij pachtten en voornamelijk graan verbouwden. Als kleuter logeerde ik daar weleens met mijn moeder. Mocht ik op een paard zitten en zag ik hoe de mannen in een lange rij het graan maaiden met een zeis, terwijl de vrouwen in bonte jurken de halmen bijeenbonden en op schoven zetten. Mijn tantes vonden mij schattig in mijn rode pofbroekje met witte stippen en onderbraken regelmatig hun werk om me te knuffelen. Ach, hadden vrouwen me later nog maar zo knuffelbaar gevonden!

De uitgestrekte bossen rond het landgoed, met hun eeuwenoude eiken en een unieke bodemvegetatie, werden in 1907 verkocht, onder groot protest van de vermaarde plantkundige Frederik van Eeden. Het grootste perceel ging voor 660.000 gulden van de hand. Houthandelaren hadden maar een paar weken nodig om de boel plat te leggen. Het is al meer dan een eeuw geleden, maar de botte onverschilligheid die daaruit spreekt, vind ik nog steeds pijnlijk.

Dankzij een kinderbijlage van de *Libelle* ontdekte ik de natuur. Hoewel dat blaadje gedrukt was in zwart-wit op krantenpapier, meer geschikt voor strips dan voor natuurafbeeldingen, maakte het toch iets in me wakker. Met een plastic kijkertje trok ik eropuit om bij de Sloterplas in Amsterdam urenlang op mijn buik naar vogels te kijken. 's Avonds in bed klonk in mijn hoofd nog de scherpe, metalige roep van meerkoeten. Zelfs toen ik al twaalf was, kwam mijn moeder me nog vaak even instoppen. 'Mam, ik heb vandaag voor het eerst een scholekster gezien!' zei ik opgewonden. 'Dat is fijn voor je,' zei ze, een beetje afwezig. Net als ik had ze geen idee welke rol de natuur in mijn leven zou gaan spelen.

Ik had het geluk als opgroeiend kind in Slotermeer te wonen, een nieuwbouwwijk in Amsterdam-West, niet ver van de opgespoten velden bij Sloterdijk. Om aan de verwachte vraag naar industrieterreinen te kunnen voldoen, had de gemeente Amsterdam een groot deel van de IJ-polder bedolven onder een twee meter dik zand-pakket. Veel van deze spuitvelden ontwikkelden zich tot eldorado's voor vogels. Vooral in het voorjaar bracht ik er veel van mijn vrije tijd door om vogels te kijken en naar nesten te zoeken. Vaak in gezelschap van een paar jongens die al even fanatiek waren als ik en met wie ik nog altijd bevriend ben. Deze vogelgebieden vormden een soort parallelle wereld waarin je vrij was van driehoeksvergelijkingen en opstellen schrijven of thuis altijd zacht de deur achter je dicht te moeten doen.

In de jaren die ik doorbracht op de Amsterdamse spuitvelden, leerde ik hoe waardevol het is om de natuur haar gang te laten gaan. Zeker als er in zo'n veld een paar plassen lagen, ontwikkelde het zich in zo'n twintig jaar tot een verrukkelijk natuurgebied, met een afwisseling van wilgen- en berkenbosjes. Op de meer grazige plekken verschenen zelfs orchideeën.

Elke vierkante meter van ons land is ooit wel een keer op de schop gegaan. We kennen hier geen ongerepte natuur. Misschien dat juist daarom natuurbeheerders dromen van 'wilde' natuur en zonder blikken of blozen verkondigen dat ze bij Apeldoorn een nieuw oerbos gaan aanleggen. Dit als opvolger van het Beekbergerwoud, het laatste oerbos van Nederland, dat honderdvijftig jaar geleden werd gekapt. Wel een oerbos willen planten, maar niet bereid zijn om een bestaand bos honderd jaar met rust te laten!

Er wordt in Nederland te veel uitgedacht, beheerd en heringericht. Voor een deel verklaart dat mijn fascinatie voor paddenstoelen: er zijn nauwelijks organismen die zich zo moeilijk laten sturen of manipuleren als zwammen. Ze gehoorzamen aan wetmatigheden waar wij nog steeds heel weinig van afweten.

Dat geheimzinnige vind ik aantrekkelijk. Evenals hun schoonheid. Verse paddenstoelen staan te glimmen alsof ze zo uit een porseleinfabriek komen waar topontwerpers het voor het zeggen hebben. Het resultaat is als Italiaans design: grote elegantie gepaard aan perfecte afwerking. Je merkt wel, zelfs na dertig jaar ben ik nog steeds verliefd op paddenstoelen. Wat je ziet zijn echter slechts de vruchten, het eigenlijke organisme zit onder de grond – een ijl netwerk van schimmeldraden dat zich over tientallen meters kan uitstrekken. Wat het nog intrigerender maakt, is dat de aanwezigheid van bepaalde soorten iets zegt over de bodem en het milieu. Daarom worden paddenstoelen wel de waarzeggers van bos en veld genoemd. Dit najaar liepen boeren te hoop, als protest tegen maatregelen om de uitstoot van stikstof te beperken. Dat zorgde voor een boel kabaal. Veel paddenstoelen zijn echter al vijftig jaar geleden geruisloos uit ons land verdwenen als gevolg van de vele stikstof die via de atmosfeer over ons land neerdaalt.

Toen ik me in 1987 serieus in paddenstoelen begon te verdiepen, schrok ik van het enorme aantal soorten dat in mijn net aangeschafte veldgids stond afgebeeld. Nu zie ik dat juist als een voordeel, want daardoor vind ik elk jaar weer soorten die nieuw voor me zijn. Lang niet alle paddenstoelen laten zich trouwens elk jaar zien.

Neem het Odeurzwammetje, de dwaalgast onder de paddenstoelen. Net als vogels die slechts af en toe ons land aandoen, laat deze soort zich ook maar sporadisch zien. En duikt hij een keer ergens op, dan is hij het jaar erop op die plek voorgoed verdwenen.

Begin deze eeuw werd deze spooksoort ineens gesignaleerd in een sparrenbosje in Midden-Drenthe. De aanwijzingen waren nogal summier: een bosje vlak bij Buinen. 'Ga maar op de geur af,' had mijn informant er nog lachend aan toegevoegd. Op een druilerige ochtend stond ik voor het bosje. Ik rook nog niks. Op goed geluk duwde ik een aantal kletsnatte sparrentakken opzij: een geur van goedkope zuurtjes en peerdrops vulde mijn neus, of je een snoepwinkel binnenstapte! Voor me op de grond groeiden ik weet niet hoeveel Odeurzwammetjes, acht centimeter hoge, violetbruine paddenstoeltjes. Veel mensen zouden denken: man, waar maak je je zo druk over? Maar voor mij stond de tijd even stil. En niet alleen de tijd, ook mijn hoofd: even geen gedachten. Iets wat tijdens mediteren nog niet zo makkelijk is. Maar net als toen ik voor het eerst oog in oog stond met vogels als de scharrelaar of de rotskruiper, overviel me een gevoel van ontzag. Alsof je een blik wordt gegund in de schatkamer van de natuur! Even is er dan geen verschil tussen de persoon en de ervaring. De *I Ching*, het Chinese boek der verandering, verwoordt dat zo prachtig: als de wil zwijgt en het verlangen tot rust komt, toont de wereld zich als voorstelling.

Gelukkig hoef je geen specialist te zijn om toch heel erg van de natuur te kunnen genieten. Een paar jaar terug liep ik met Herman over zijn zelf aangelegde landgoed. We keken naar de wolkenluchten, de waterpartijen en de bomen. Met een schelle alarmroep schoot er een witgatje op uit de oever voor ons, een vogel die ik hier niet zou verwachten. Dus daar keek ik van op, hij minder. Daarentegen praatte Herman over de bomen die we passeerden alsof het goede vrienden waren. De meeste had hij zelf geplant en daarmee dit voormalige weiland omgetoverd in een lustoord.

Recent schreef ik een liedtekst voor Angela Groothuizen over de liefde voor dit land. De tekst logenstraft een beetje de landschapspijn over het vele wat verloren is gegaan, maar gelukkig kan ik nog altijd erg genieten van de duinen en het rivierenlandschap plus al die vergeten plekken, zoals de terpdorpen in Friesland en het Hoge Land in Groningen.

Met het soort vaderlandsliefde dat populisten zo graag uitdragen, heb ik weinig op. Ik vertrouw ze daarin ook voor geen cent. Als je het mij vraagt, gaat die liefde niet erg diep en zien ze zichzelf maar al te graag weerspiegeld in een chauvinistisch ideaal van bijeengesprokkelde hoogtepunten uit onze geschiedenis. Dan liever deze eenvoud:

In mijn hoofd en mijn hart
huizen de Lage Landen:
rivieren, duinen, stranden,
zeemeeuwen en branding.
Ook bij mist, storm of regen
komen wij elkaar tegen
in een woord of een blik.
We liggen elkaar,
de Lage Landen en ik.

Als we oneindig waren
Zou alles veranderen
Daar wij echter eindig zijn
Blijft veel bij het oude.

Bertolt Brecht

Berlijn

Herman

Het zal wel toeval zijn, op de radio giert Rammstein terwijl ik per mail mijn speellijst krijg en zie dat ik in december 2019 vier dagen in het ooit Oost-Berlijnse Admiralspalast speel. Het Admiralspalast, Duits voor Admiralenpaleis, is een theaterzaal met 1756 zitplaatsen in de wijk Mitte. Het gebouw ligt aan de Friedrichstraße. Het opende in 1910 zijn deuren. Voor die tijd lag er een ijsbaan, daarna een openbaar zwembad met bowlingbanen, toen een café en bioscoop.

Tijdens de bombardementen op Berlijn leed het gebouw weinig schade, het was de thuisbasis van de Berlijnse staatsopera. Op 11 augustus 2006 heropende het theater met *De Driestuiversopera*, geregisseerd door de door mij bewonderde Oostenrijkse acteur en regisseur

Klaus Maria Brandauer. Nu is het onze vaste speelplek in groot Berlijn.

Schuin tegenover het Admiralspalast ligt het Berliner Ensemble, in 1949 opgericht door de toneelschrijver Bertolt Brecht en zijn vrouw Helene Weigel. Wij speelden daar ooit, nog in DDR-tijden om een steen uit de muur te zingen en het oude sprookje van Alfred Jodocus Kwak te vertellen. Om in beide theaters te komen moest je in grimmiger tijden langs Checkpoint Charlie.

Sla de krant open, lees in die van donderdag 19 september een artikel dat begint met een vraag: 'Wat is het beste medicijn tegen oorlog?' Arie Elshout, Europacorrespondent in Brussel antwoordt: 'Dat is oorlog.'

Bijna vijfenzeventig jaar, mijn leven lang, heeft zich, op de Joegoslavische burgeroorlog na, geen gewapend conflict meer voorgedaan tussen Europese landen. 'De schok over de miljoenen doden en zware verwoestingen tijdens de Tweede Oorlog was zo groot,' zegt Arie, 'dat het louterend werkte. Dit nooit weer.' Hij citeert de Duitse journalist Dirk Kurbjuweit die zegt: 'De dingen moesten extreem slecht worden voor het weer goed werd.'

Onwillekeurig doet deze redenering denken aan het inentingsbeginsel: injecteer verzwakte ziekteverwekkers in het lichaam en dat maakt antistoffen aan die bescherming bieden tegen de ziekte. De Duitse journalist is er niet helemaal gerust op dat oude rivalen in Europa hun bekomst hebben van gewapende conflicten in een tijd dat oude kwalen weer opspelen. Het nationalisme, vaak een aanjager van oorlog, is terug van weggeweest. Autoritaire bewegingen zetten de democratie onder druk, vervagende herinneringen en terugval in oude fouten betekent dat donkere toekomstscenario's niet kunnen worden uitgesloten. Helemaal rustig slapen kunnen we nooit. Het is alsof ik mijn vader hoor. Denk nu aan een passage uit een gedicht van Anne Vegter:

wat nu als asielzoekers een partij oprichten
wat nu als kippen vermomde engelen zijn
wat nu als het belastingparadijs vol is
wat nu als Europa zich beperkt tot een muur
wat nu als de Neanderthaler niet is uitgestorven
wat nu als alle kleuren vervagen
wat nu als liefde overschat wordt
wat nu als porno heel gezond is

wat nu als de wetenschap zich vergist
wat nu als de wetenschap zich niet vergist
wat nu als nadenken te duur wordt
wat nu als God toch bestaat

Acht herinnering aan oorlog noodzakelijk. In onderwijs, in de media en in het politieke debat moeten we ons blijven herinneren hoe verschrikkelijk de Tweede Wereldoorlog was. De Canadese hoogleraar Steven Pinker schrijft: 'De wereld is echt vooruitgegaan, maar je moet het wel willen zien. Kijk naar de lange historische lijn, niet naar de incidenten die een misleidend beeld geven. Een anekdote is geen trend. Dat iets vandaag niet goed is, wil niet zeggen dat het vroeger beter was. Wees kritisch op de gevestigde orde maar blijf de zaken in perspectief zien: niet elk probleem is een plaag, crisis of existentiële dreiging.'

Als we oorlog willen voeren, laten we dat dan op het voetbalveld doen of op een schaakbord, in Netflix-series, *House of Cards*, *Game of Thrones*. Series als spiegels van onze angsten, niet anders dan in het hoofdstuk van dit boek over Roodkapje waar ga je hene, zo alleen. Wij hebben, en je kunt het niet beter zeggen dan de Franse politicoloog Dominique Moïsi, 'de luciditeit van Spinoza nodig, de helderheid van Descartes en de moed van de Tsjechische filosoof en een van de oprichters van de dissidente beweging Charta '77, Jan Patočka. Dat zijn drie woorden: luciditeit, helderheid en moed. Met die drie woorden kunnen we de aanval op de liberale democratie wellicht weerstaan. Hoe ga je dat in Berlijn zingen?

Wenn Hitler seinen Kampf gewonnen hätte –
ist der Gedanke denn so hirnverbrannt?! –,
gäb's keine deutsche Frau mit Zigarette,
dann herrschten Zucht und Ordnung hier im Land!
Dann würde es die Dritte Welt nicht geben,
und dafür nur ein großes Drittes Reich;
der Sozialismus wäre nicht am Leben,
und trotzdem wären alle Menschen gleich.
Gewerkschaften gäb's keine mehr –
wenn's anders ausgegangen wär'…

Dann gäb's nicht das Problem der Asylanten,
hierher zu wollen hätte wenig Sinn!
Verschwindend wär die Zahl der Emigranten –
wo sollten die denn schließlich schon noch hin!
Man spräche auch nicht mehr von Arbeitslosen,
dann hätte man die Vollbeschäftigung;
es nähmen keine Umweltschutz-Mimosen
dem Bau der Autobahnen seinen Schwung.
Die Rüstung hätt' es nicht so schwer –
wenn's anders ausgegangen wär'…

'Für Homosexuelle streng verboten' –
die Schilder hingen dann an jeder Bar;
es gäbe keine Grünen, keine Roten –
wohin die alle kamen, ist wohl klar!
Am Bahnhof säß' kein Penner und kein Streuner,

kein Fixer gäb' sich dann mehr einen Schuß;
an keine Haustür käm' mehr ein Zigeuner,
auch mit den Juden wär' für immer Schluß!
Die Krankenhäuser wären leer –
wenn's anders ausgegangen wär'...

Inzwischen wäre Hitler mehrfach Opa,
wenn auch wahrscheinlich nicht durch Eva Braun;
und längst wär' ihm gelungen, in Europa
– was die EG will – die Zölle abzubau'n.
Es herrschte das gesunde Volksempfinden,
und das mag keinen längeren Prozeß:
Wer aneckt, würde über Nacht verschwinden,
Dein Freund und Helfer hieße dann SS!
Und ich, ich sänge sicher auch nicht mehr –
wenn's anders ausgegangen wär'...

De mens heeft een verstand
Daar geeft ie hoog van op
Maar als je afgaat op het resultaat
Heeft ie zaagsel in z'n kop
Want voor een beetje vrede
Is de mens niet slim genoeg
Hij luistert naar geen rede
en juicht altijd te vroeg

Bertolt Brecht

Van Brecht tot Marx Brothers

Rob

Zo'n jaar of vijfentwintig geleden kreeg ik opeens, bijna gelijktijdig, belangstelling voor het werk van Brecht en dat van de Marx Brothers. De interesse in Bertolt Brecht zal wel zijn gekomen door de naweeën van de jaren tachtig waarin de zucht naar mateloze zelfverrijking niet langer verwerpelijk werd gevonden. 'Greed is good', predikte de hoofdpersoon uit de film *Wall Street*; in financiële kringen werd het een gevleugelde uitdrukking. Wat een verademing om dan *Die Dreigroschenoper* te zien, een stuk dat druipt van de moraal – ook al eindigt Brecht een lied met de zin: 'Erst kommt das Fressen, dann kommt die Moral.'

De Marx Brothers daarentegen kennen juist helemaal geen moraal, maar trekken zich evenmin iets aan van status en fatsoen. Met hun vaak anarchistische humor en rebelse grappen drijven ze de spot met alles wat belangrijk wordt gevonden en met iedereen die zichzelf serieus neemt. Internet bestond nog niet, dus moest ik in die tijd goed opletten of er niet ergens een van hun films draaide. Niemand heeft me ooit zo aan het lachen kunnen maken, ik heb hun topfilms dan ook allemaal gezien.

Toen Brecht nazi-Duitsland moest ontvluchten, bereikte hij in 1941, na wat omzwervingen, uiteindelijk de Verenigde Staten. Als woonplaats koos hij voor Santa Monica, vlak bij Hollywood, in de hoop er als scenarioschrijver aan de slag te kunnen. Daar zaten ze echter helemaal niet te wachten op kritische, politiek geëngageerde stukken. Volgens Brecht waren ze alleen geïnteresseerd in plat vermaak. Ik vermoed dat hij daar ook de films van de Marx Brothers onder rekende, een vergissing die intellectuelen wel meer maken. Als alom gelauwerde Duitse theatervernieuwer had Brecht geen boodschap aan de ondermijnende invloed van humor die hard op de man speelt en zich niets aantrekt van goede smaak of welke levensbeschouwing dan ook.

In de jaren twintig woonde Brecht in Berlijn graag sportwedstrijden bij. Het ging hem niet zozeer om de prestaties van de atleten maar vooral om de reacties van het publiek: hoe ze een favoriet aanmoedigden en hun prestaties onderling bespraken. Zo zou het volgens Brecht ook moeten toegaan tijdens een toneelvoorstelling: niet volkomen opgaan in de illusies van het theater en daarmee het alledaagse leven ontvluchten, maar je als toeschouwer bewust worden van de tekortkomingen in de maatschappij en daar kritisch naar kijken. Berlijn is in die jaren hét culturele middelpunt van Europa, en juist in deze smeltkroes ontstaat een stroming die pleit voor 'verhalend theater': minder gericht op het inlevingsvermogen van het publiek, als wel op hun capaciteit om lering te trekken uit de getoonde scènes. 'Verbeter de wereld en begin met het theater,' lijkt het credo van deze beweging. Hoogtepunt van deze vorm van theatermaken vormde Brechts *Die Dreigroschenoper*, die vanaf zijn première in 1928 een enorm succes was.

De Driestuiversopera, zoals de titel van de Nederlandse versie luidt, die gebaseerd is op een Engelse opera uit 1728, werd door Brechts vriendin Elisabeth Hauptmann in het Duits vertaald. Ondanks de titel is *De Driestuiversopera* geen opera maar een toneelstuk met losse zangnummers. Het stuk was bedoeld als sociale kritiek op het toenmalige Duitsland, waarin de Londense onderwereld model stond voor het kapitalisme. Zowel Brecht als componist Kurt Weill was fel gekant tegen het kapitalistische systeem dat in de jaren dertig voor massale werkeloosheid zorgde. Zodra in Duitsland de nazi's aan de macht kwamen, werd *Die Dreigroschenoper* verboden. Zoals de meeste dictators hield ook Hitler niet van kritische schrijvers en kunstenaars. Velen van hen zagen de bui al hangen en kozen ervoor om naar het buitenland uit te wijken.

In vijf jaar tijd werd *Die Dreigroschenoper* wereldwijd tienduizend keer uitgevoerd, in achttien verschillende talen! Een ongeëvenaard succes dat mede te danken is aan de muziek die Kurt Weill componeerde. Volgens hem moest operamuziek ongecompliceerd en toegankelijk zijn, zodat het publiek na afloop de liederen kon naneuriën. Om dat voor elkaar te krijgen, gebruikte Weil Jiddische volkswijsjes, maar ook jazz- en tangofragmenten die hij op een geraffineerde manier aaneensmeedde tot een onweerstaanbare mix van goed in het gehoor liggende melodieën.

Het bekendste nummer uit *Die Dreigroschenoper* is 'Mackie Messer', het relaas over een smerige boef die voor de wet ongrijpbaar is. Helaas nog altijd actueel. Van Al Capone tot Escobar en Holleeder; altijd zijn er misdadigers geweest die meedogenloosheid wisten te maskeren door een zekere charme uit te stralen.

Und der Haifisch, der hat Zähne
Und die trägt er im Gesicht.

Und Macheath, der hat ein Messer,
Doch das Messer sieht man nicht

Met andere woorden: menselijke haaien zijn levensgevaarlijk omdat die zich zo onschuldig weten voor te doen dat ze bij het grote publiek zelfs op een zekere mate van sympathie kunnen rekenen.

Brecht leed aan reumatoïde artritis, in een tijd dat er nog geen antibiotica bestond. Het is een veelvoorkomende kwaal die vaak ernstige gewrichtspijnen en hartklachten veroorzaakt. Dit staalde Brecht in zijn overtuiging dat hij niet oud zou worden. Daar kreeg hij gelijk in: op z'n achtenvijftigste bezweek hij aan de gevolgen van deze auto-immuunziekte.

Zijn hele leven zou hij klagen over zijn haperende lichaam, zijn kortademigheid en zijn hartritmestoornissen. Dat verklaart misschien ook zijn rusteloosheid en grote werklust: hij was een man die geen tijd te verliezen had. In een biografie wordt hij omschreven als een hedonist, een levensgenieter, over wie zijn tweede vrouw opmerkte: Bertolt is trouw aan ál zijn vrouwen. Het MeToo-tijdperk zou Brecht niet zonder kleerscheuren zijn doorgekomen. Sommige vriendinnen schreven ook mee aan zijn stukken en kregen daarvoor niet de erkenning die zij verdienden. Dat werd toen nog volkomen normaal gevonden.

Doordat ik het een en ander las over de ziekte waar Brecht zijn hele leven door werd gekweld, kwamen er herinneringen terug aan een tijd die ik verdrongen had. Op mijn zevende kreeg ik eveneens reumatoïde artritis. Van de ene op de andere dag deden al mijn gewrichten verschrikkelijk pijn. De eerste dagen in bed gilde ik tegen iedereen die in de buurt kwam om niet tegen mijn bed te stoten, omdat dit onverdraaglijk was. Zeven weken was ik aan bed gekluisterd. Het leek een eeuwigheid. Ik had het grote geluk dat er, in tegenstelling tot in de tijd van Brecht, nu wél medicijnen voor waren. Tergend langzaam knapte ik op, met als enig lichtpuntje de Tom Poes-boeken die ik af en toe cadeau kreeg. Eén titel herinner ik me nog: *De nieuwe ijstijd*, waarin het kasteel van Olivier Bommel en heel Rommeldam verdwijnen onder een steeds dikker wordende laag sneeuw en ijs. Daar bleek die duivelse professor Sickbock natuurlijk weer achter te zitten! Ik moet het toen wel tien keer gelezen hebben.

Door mijn ziekte werd ons gezin urgent bevonden en kwamen wij in aanmerking voor een moderne etage in Amsterdam Nieuw-West. Weg van die krappe, vochtige benedenwoning in De Pijp waar de ratten soms langs de plinten renden.

Brecht heeft nooit een geheim gemaakt van zijn communistische sympathieën. Aan het begin van de Koude

Oorlog, wanneer de angst voor het rode gevaar in de VS steeds hysterischer vormen aanneemt, moet hij voor de Commissie van anti-Amerikaanse activiteiten verschijnen. Gelukkig voor Brecht zal pas een paar jaar later – onder aanvoering van senator McCartney, een gluiperd van de ergste soort – een ware heksenjacht worden ontketend op vermeende communisten. Brecht wacht het oordeel van de commissie niet af en is zo verstandig om een dag na zijn ondervraging de VS te verlaten en zich in Zürich te vestigen, als tussenstop naar Berlijn.

In het door het Sovjetleger bezette deel van Berlijn pakte hij de draad als theatermaker weer op. Na het ontstaan van de DDR – de Deutsche Democratische Republik – zag Brecht geen reden om Oost-Duitsland te verlaten, hoewel hij vanaf dat moment herhaaldelijk met censuur te maken kreeg. De voormalige revolutionair werd een hielenlikker en schikte zich naar de kadaverdiscipline van de machthebbers. Toen arbeiders in de DDR massaal in opstand kwamen, nam hij het op voor de communistische partij en gaf fascistische elementen in het Westen de schuld van de opstand. Hij ging zelfs zo ver dat hij de gewelddadige Sovjetinterventie prees waarmee de opstand werd neergeslagen. Vlak voor zijn dood neemt hij nog de Stalin-Vredesprijs in ontvangst. Net zoals er Nederlandse intellectuelen waren die de Culturele Revolutie in China verdedigden – ondanks de twintig miljoen slachtoffers die daarbij vielen – zo had Brecht geen bezwaar tegen een prijs die vernoemd was naar een massamoordenaar.

De Marx Brothers vielen op een gegeven moment ook van hun voetstuk, zij het op een andere manier dan Brecht – veel Amerikaanser zou je kunnen zeggen. Na hun enorme successen in de jaren dertig werden hun nietsontziende grappen in de jaren daarna steeds vaker vervangen door romantische intermezzo's. Toen ze onafhankelijk van elkaar probeerden een eigen carrière op te bouwen, veranderden de rebelse broers in gelikte entertainers. Groucho wist zijn tegendraadse karakter nog het langst te behouden, tot ook hij zich liet meeslepen door het waanzinnige succes van zijn tv-show *You Bet Your Life*, dat tot in de jaren zestig zou worden uitgezonden.

Zo eindigen zowel Brecht als de Marx Brothers in een positie die ze eerder in hun leven vermoedelijk verfoeid zouden hebben: opgeslokt door de gevestigde macht van respectievelijk een militaire dictatuur en de tirannie van de gemiddelde smaak van een televisiepubliek. In de verhalen van Herman en mij komen gelukkig ook artiesten voorbij die wél hun integriteit wisten te behouden. Of die in de loop van hun leven juist nog meer tot bloei kwamen. Neem Leonard Cohen die in zijn optredens aan het eind van zijn lange carrière het beste in zichzelf naar boven wist te brengen. En wat te denken van David Bowie, die ondanks alle seks, drugs en rock-'n-roll altijd aandacht heeft kunnen opbrengen voor andere facetten van het leven die voor verdieping zorgden en hem tot een beter mens maakten. Datzelfde zou zeker zijn opgegaan voor John Lennon als hij niet op zijn veertigste door een gek om het leven was gebracht.

Het blijft een raadsel waardoor de ene mens trouw blijft aan zichzelf en een ander geleidelijk aan steeds meer de weg lijkt kwijt te raken. Net zoals de grootste voetbalkenner niet kan voorspellen welk jeugdig toptalent zal uitgroeien tot een wereldvoetballer, zo valt evenmin te voorzien hoe de mensen van wie je houdt zich zullen ontwikkelen. Herman en ik kennen elkaar nu meer dan vijftig jaar. Helemaal bevrijd zijn we niet, geboft hebben we wel. En zonder onszelf op de borst te kloppen, kunnen we zeggen dat we de weg niet kwijt zijn geraakt. Dat lijkt me al heel wat!

what a wonderful world

De goede dingen

Herman

Uw *Financieel Dagblad* vroeg mij te schrijven over wat goede dingen in mijn leven in niet meer dan driehonderdzeventig of driehonderdtachtig woorden, niet meer en niet minder.

Ik dacht, nadat ik de vraag gelezen had: veel goede dingen zijn in mijn geval na zoveel jaar herinneringen.

IJsbloemen op ramen, verse sneeuw.

Moeder, die met haar grote mensenhanden in de gootsteen mijn knuistjes wast met groene zeep, een druppel zout water veegt van mijn wangen.

In het zitje zitten voorop op de Batavus van vader. Luisteren naar zijn stem die zegt dat koeien een pesthekel hebben aan boterbloemen en dat die daarom om weilanden heen groeien, dat bespaart de boeren prikkeldraad. ‘Die mannen zijn niet gek, jongen.’

Vioolles krijgen van juffrouw Doornekamp, die antwoordt als ik vraag: ‘Ik hoor u niet spelen, juf?’: ‘Dan speel jij te hard, jongen.’

Mijn eerste grote-mensenkus hoog in de Alpen van Tirol.

Het zien geboren worden van de kinderen.

De woorden ‘Eerste druk’ in een boekje met voorzichtige gedichten.

Het lopen naar een microfoon met een hoofd vol plannen.

Het slijpen van een potlood, zo voorzichtig dat geen slijpsel breken kan of het zo schillen van een appel.

De stilte op de vierde mei. En dan het luiden van de klokken.

Weer of geen weer, altijd de zee zien.

Bewonderen: Mozart, Schubert, Bach.

Drinken, oude whisky, jonge borrels, stille rode wijn.

Een stukje leverworst met een zilveruitje onder aan zo'n tandenstoker.

Lezen, schrijven, vrijen, kuieren en weer van voren af aan.

Het uitdrukken van de vaatwasmachine; die van ons heeft een klein lampje dat laat weten dat het klaar is. Het langzaam uitruimen, de borden, kopjes, glazen en de pannen. Vorken, lepels, messen bij de vorken, lepels, messen leggen.

Zeker weten dat ik niet mijn gedachten ben.

De geur van koffie met kaneel. Een vlieg die nieuwsgierig is naar mijn wiebelende blote voet. Een chocoladebroodje. Twee citroenvlinders die van bloem naar bloem fladderen. Een lichte bries. Een ekster die een merel wegjaagt.

Een vrouw die 'protect bronze' op mijn kale hoofd smeert. Iemand horen die gelukkig stopt met maaien.

Het besef dat ik nog onthouden en me op mooie dingen verheugen kan.

Cecilia Bartoli horen zingen. John Lennon, Edith Leerkes of Piaf.

Verantwoording

PLAYLIST

Pag. 7	Trees heeft een Canadees – Albert de Booy (1945), T: L. de Groot, M: A. de Booy
Pag. 11,16, 22-23	Masters of war – Bob Dylan (1963) T: B. Dylan, M: Trad. / J. Ritchie
Pag. 18-20	Will you have a cup of tea? – Hetty Blok, Jaap Fischer (1959) T: A.M.G. Schmidt, M: C. Lemaire, Arr: J. Elders
Pag. 23	Tangled up in blue – Bob Dylan (1975) T&M: B. Dylan
Pag. 33,37,49	Unforgettable – Nat King Cole (1951) T&M: I. Gordon, Arr: N. Riddle
Pag. 35	Zandvoort bij de zee – Louis Davids (1915) T&M: L. Davids, H. Darewski
Pag. 41-43	Achterlangs – Herman van Veen (1982) T: W. Wilmink, M: H. van Veen
Pag. 44-45	Truus (2019) T&M: H. van Veen
Pag. 59	Love – Kendrick Lamar (2017) T: K. Duckworth / Z. Pacaldo / T. Walton /

	M. Spears / G. Kurstin / A. Tiffith, M: T. Walton / Sounwave / G. Kurstin / T. Dawg
Pag. 66	Thank U, Next – Ariana Grande (2019) T: A. Grande / V. Monét / T. Parx / N. Vitia / K. Krysiuk / T. Brown / M. Foster / C. Anderson, M: T. Brown / M. Foster / C. Anderson
Pag. 67	At seventeen – Janis Ian (1975) T&M: J. Ian
Pag. 75	Vermiste terecht – Herman van Veen (1978) T: Magister x, M: H. van Veen / H. Sacksioni
Pag. 83	Toen was geluk heel gewoon – Van Kooten en De Bie (1972) T&M: G. O'Sullivan. NT: K. van Kooten / W. de Bie / R. van Otterloo
Pag. 89-104	Altijd is Kortjakje ziek Trad.
Pag. 93	Ik heb dat tedere gevoel – Herman van Veen (1971) T: R. Bruining, M: H. van Veen
Pag. 105	Het meisje van de zangvereniging – Dirk Witte (1914) T&M: D. Witte
Pag. 113	't Was nacht Trad.
Pag. 123	God's Song – Randy Newman (1972) T&M: R. Newman
Pag. 131	Roodkapje Trad.
Pag. 143	I dance and dance and smile and smile (1971) T&M: D. Previn
Pag. 149	Get back – The Beatles (1970) T&M: J. Lennon / P. McCartney
Pag. 161	The Boxer – Simon & Garfunkel (1969) T: P. Simon, M: P. Simon / A. Garfunkel / R. Halee

Pag. 169	Leef – André Hazes (2015) T: E. van Hoevelaak / K. Jansen / C. Ottink / A. Krabman, M: E. van Hoevelaak
Pag. 172	Het regent dat het giet Trad.
Pag. 175	Mijn vlakke land – Jacques Brel (1962) T: J. Brel / E. van Altena, M: G. Martenot
Pag. 185	Buona sera – Louis Prima (1958) T&M: C. Sigman / P. de Rose
Pag. 193	American Pie – Don McLean (1971) T: D. McLean, M: E. Freeman
Pag. 202-205	Loot at me – John Lennon (1970) T&M: J. Lennon
Pag. 207	Beautiful boy – John Lennon (1980) T&M: J. Lennon
Pag. 217	Hoe leit dit kindeke T: J. Bols, M: Trad.
Pag. 222	Stille nacht Trad.
Pag. 224	Engelkens door 't luchtruim zwevend Trad.
Pag. 227	Boogie street – Leonard Cohen (2001) T&M: L. Cohen / S. Robinson
Pag. 237	Zo vrolijk – Herman van Veen (1986) T&M: H. van Veen
Pag. 243	Quicksand – David Bowie (1971) T: D. Bowie, M: K. Scott / D. Bowie
Pag. 251	Op de grote stille heide T: P. Louwerse, M: J. Worp
Pag. 268	De Lage Landen T & M: R. Chrispijn/A. Groothuizen, N. Brandsen
Pag. 275-276	Wenn's nun anders ausgegangen wär – Herman van Veen (1995) T: W. Wilmink, DT: T. Woitkewitsch, M: H. van Veen

Pag. 277	Das Lied von der Unzulänglichkeit menschlichen Strebens – T: Bertolt Brecht, NT: R. Chrispijn, M: Kurt Weill
Pag. 289	What a wonderful world – Louis Armstrong (1967) T: B. Thiele / G. Weiss, M: B. Thiele

REFERENTIES

Pag. 15-16	Vliet, P. van (2000), *Zeewind in Den Haag*, Thomas Rap.
Pag. 17	Sahadat, L. (2019, 18 juni), 'Historische rampliederen: Band Aid had veel voorgangers'. Van https://www.volkskrant.nl/wetenschap/historische-rampliederen-band-aid-had-veel-voorgangers~b2129ff2/
Pag. 20	Wijnberg, N.M. (2017), In het herinneringspaleis, uit: *Voor jou, van jou*, Atlas Contact.
Pag. 18-20	Hoorspel *In Holland staat een huis* (1952), Vara. T: A.M.G. Schmidt. Samenstelling en regie: W. Ibo. M: C. Lemaire
Pag. 28	Gerard Jongerius in Vredenburg – Gerard deed vanaf het begin 12 jaar lang het licht voor de voorstelling van Herman en was daarom kind aan huis in alle Nederlandse theaters.
Pag. 36	Hoorspel *Monus, de man van de maan* (1951), Vara. Auteur: A.D. Hildebrand. Regie: W. van Hemert, B. Steggerda, G. de Wagt, K. Schoonenberg
Pag. 37, 49	*Greenleaf* (2016), Netflix.
Pag. 38	Citaat Erik Scherder.
Pag. 46	Citaat Geert Mak.
Pag. 47	'Readymade, twee kleuters' – Joke van Leeuwen (2006), uit: *Wuif de mussen uit*, Querido.

Pag. 51-52	Marten Toonder (1993), uit: *Het geluid van bloemen*, De Bezige Bij.
Pag. 61	Uit: Veen, H. van (2018), *Voor het eerst*, Thomas Rap.
Pag. 63	Radioprogramma *Dit is uw leven* (1957), Vara. Presentatie: B. Garthoff
Pag. 63	Televisieprogramma *Open het Dorp* (1962), Avro. Presentatie: M. Bouwman
Pag. 77	Veen, H. van (2019), *Solange es leicht ist*, Droemer Knaur.
Pag. 77	Veen, H. van (2018), *Voor het eerst*, Thomas Rap.
Pag. 81	Thijssen, W. (2019, 26 juni), 'Indonesische nabestaanden zoeken gerechtigheid: 'Hij schoot mijn vader door zijn hoofd. Ik was elf jaar'. Van https://www.volkskrant.nl/mensen/indonesische-nabestaanden-zoeken-gerechtigheid-hij-schoot-mijn-vader-door-zijn-hoofd-ik-was-elf-jaar~b6f1b317/
Pag. 91	Groet, K. (2000), *Het gewicht van spel*, Harlekijn.
Pag. 96-97	http://www.liederenbank.nl/resultaatlijst.php?zoek=3632&actie=incipitnorm&lan=nl
Pag. 117	Veen, H. van (2010), *Voor ik het vergeet*, Nijgh & Van Ditmar.
Pag. 127	Het boek *Götter gleich* leende ik in een Nederlandse vertaling van de bibliotheek toen ik veertien was. Ondanks een intensieve speurtocht op internet niet terug kunnen vinden.
Pag. 129	Al was het – H. van Veen/R. Chrispijn (1971), op album *Goed voor een glimlach*.
Pag. 133	Bettelheim, B. (1976), *Het nut van sprookjes*, Thames & Hudson.
Pag. 140	Videoclip *Thriller* (1983) – Michael Jackson T: M. Jackson, R. Temperton. M: Q. Jones. Regie: J. Landis

Pag. 151 Peters, A. (2019, 31 mei), 'Neem van niemand advies aan, doe wat je moet doen.' Van https://www.volkskrant.nl/cultuur-media/neem-van-niemand-advies-aan-doe-wat-je-moet-doen~b565cc68/

Pag. 158 Mancuso, S., Viola, A. (2019), *Briljant groen*, Cossee.

Pag. 158-159 Wyndham, J. (1951), *The Day of the Triffids*, Michael Joseph.

Pag. 159 Lively, P. (2017), *Leven in de tuin*, De Geus.

Pag. 167 Dooz wur de daais – tijdlang een gevleugeld woord van Herman als verwijzing naar de hit van Mary Hopkins: 'Those were the days'.

Pag. 173 Naar Jules Deelder.

Pag. 215 Elpee *Overblijven* – Herman van Veen (1977), Universal Music bv.

Pag. 219-226 In het verhaaltje over die poes zitten wat geleende zinnen en gedachten van de door mij bewonderde bioloog Midas Dekkers.

Pag. 239-241 Visser, E. de (2019, 6 september), '75 jaar bevrijding: wat de kennis over het geheugen betekent voor de verhalen van ooggetuigen'. Van https://www.volkskrant.nl/wetenschap/75-jaar-bevrijding-wat-de-kennis-over-het-geheugen-betekent-voor-de-verhalen-van-ooggetuigen~b7123344/

Pag. 253 Pelt, S. van, Marseille, R. (2019, 19 september), 'Amerikaanse vogelstand in vijftig jaar dramatisch achteruitgegaan.' Van https://www.volkskrant.nl/nieuws-achtergrond/amerikaanse-vogelstand-in-vijftig-jaar-dramatisch-achteruitgegaan~b0376e4b/

Pag. 254-256 Vennink, T. (2019, 30 augustus), 'Als het aan deze Russische wetenschappers ligt, heerst in Siberië straks weer een ijstijd.' Van https://www.volkskrant.nl/kijkverder/v/2019/als-het-aan-deze-russische-wetenschappers-ligt-heerst-in-siberie-straks-weer-een-ijstijd/

Pag. 257-258 Donkers, S. (2019, 19 september), 'Ik hoop dat de toekomst snel aanbreekt.' Van https://www.volkskrant.nl/columns-opinie/ik-hoop-dat-de-toekomst-snel-aanbreekt~bc334fe7/

Pag. 259 Nescio (1996), *Natuurdagboek*, Nijgh & Van Ditmar.

Pag. 268 Chrispijn, R. (2019), De Lage Landen – A. Groothuizen / N. Brandsen – R. Chrispijn op cd *De Lage Landen* – Angela Groothuizen (2020).

Pag. 273 (2019, 18 september) 'Oude kwalen spelen weer op, en oorlog is niet echt meer uit te sluiten.' Van https://www.volkskrant.nl/columns-opinie/oude-kwalen-spelen-weer-op-en-oorlog-is-niet-echt-meer-uit-te-sluiten~bee80712/

Pag. 273 Vegter, A. (2017), *Wat helpt is een wonder*, Querido.

Pag. 274 Giesen, P. (2018, 19 oktober), 'De wereld gaat vooruit, maar je moet het wel willen zien.' Van https://www.volkskrant.nl/wetenschap/de-wereld-gaat-vooruit-maar-je-moet-het-wel-willen-zien-betoogt-steven-pinker~b89e00cf/

Pag. 274 Giesen, P. (2018, 30 november), Dominique Moïsi schreef een boek over de geopolitiek aan de hand van series. '*Game of Thrones* roept de situatie in het Midden-Oosten op'. Van https://www.volkskrant.nl/columns-opinie/dominique-moisi-schreef-een-boek-over-de-geopolitiek-aan-de-hand-van-series-game-of-thrones-roept-de-situatie-in-het-midden-oosten-op~be7f0ad73/

Pag. 304 Zijl, A. van der (2018, 16 november), 'Lang leve die fantastische verhalenmachine in ons hoofd'. Van https://www.volkskrant.nl/columns-opinie/lang-leve-die-fantastische-verhalenmachine-in-ons-hoofd~be24439c/

En wat we over het hoofd zagen, zoals de poes van Remco Campert, vergaten en die we willen bedanken.

Wij willen vooral bedanken:

Annet Kossen (redigeerde de verhalen van Rob Chrispijn)
Doke Pauwels
Dieuwertje van Ravenswaaij
Alexander Schwarz
Edith Leerkes
Jan Willemsen
&
Saartje Schwachöfer

In feite
is het een zegen
dat ons geheugen selectief is.
Als we ons alles zouden herinneren
werden we stapelgek.

Annejet van der Zijl